LONGSTONE PUBLISHING

來自各界的讚譽

　　這是本有趣的對話式寓言，身為「思想致富／成功學」教父級的作者，這次從「恐懼」和「失敗」出發，娓娓道出大多數人的負面和恐懼思維（自覺渺小、擔憂懷疑、沮喪無力、嫉妒、仇恨……等）如何有意無意「潛進」我們的內心；甚至透過結構化的教育、政治、經濟、文化各層面滲透、麻痺大眾而不自知！有98%的人，落入「魔鬼」的掌控，而封閉了身為人類最偉大和神聖的內在力量！讓我們打開這本世紀禁書，跟隨正向思考教父，來趟個人的內在「斬妖除魔」之旅！

——周介偉，光中心主持人

　　我的簡單信念是如此：如果我們是照著神的形象而創造的，那麼我們天生就是要創造，而創造就是要繁榮。全新、從未出版的拿破崙・希爾新書《與魔鬼對話》，我讀過了，而且真心推薦。

——里奇・卡爾加德（Rich Karlgaard），《富比士》雜誌（Forbes Magazine）發行人

　　現在出版這本大師之作的時間真是完美！莎朗・萊希特的註解把焦點專注在《與魔鬼對話》背後的真正天才，幫助我們征服那阻

撓我們成功的恐懼。

───哈維・麥凱（Harvey Mackay），《紐約時報》暢銷書排行榜榜首《攻心為上》（Swim with the Sharks Without Being Eaten Alive）作者

拿破崙・希爾是美國影響最深遠的偉大思想家之一，到今天他的影響力還是非常深遠。這本從未出版過的手稿，在莎朗・萊希特恰當的編輯和註解後，顯示出恐懼和缺乏信任會妨礙你達到成功。自由市場機制仰賴自由的人民和信任。

───史提夫・富比士（Steve Forbes），《富比士》雜誌主編

在現今讀者的心目中，希爾的教導最常被歸類於創造財富的智慧，時常和金錢畫上等號。但事實上，他和全世界分享了「如何度過人生的準則」，從人的內在開始、從人的內層意識著手，邀請我們把最大的潛力發揮到外在表現，不只為了我們個人的益處，也為了全人類。

───麥克・柏納德・貝奎斯（Michael Bernard Beckwith）
《性靈解放：實現滿足你靈魂的潛能》作者

《與魔鬼對話》再次證明拿破崙・希爾的知識和體系是不朽的。這本書包含許多見解，比方如何破除所有防礙成功的習慣和態度，還有會導致快樂和富裕的習慣和態度。如果你想要突破自己的路障，好好讀這本書！

───哈福・艾克（T. Harv Eker），《紐約時報》暢銷書排行

榜榜首《有錢人想的和你不一樣》作者

　　如果你想要擁有自己的人生，就要擁有自己的財富。在《與魔鬼對話》中，拿破崙・希爾分享阻撓你在財務中成功的可能因素，替你指出行進方向，使你能掌握並擁有夢想人生。

　　────珍・查斯基（Jean Chatzky），知名財經記者和《貧富之別》作者

　　我研讀拿破崙・希爾著作的程度，可能無人能比。在50年前，我拿起《思考致富》，之後我隨身攜帶這本書，每天閱讀。當莎朗・萊希特送我一本《與魔鬼對話》時，我認為希爾又成功了。這又是一本改變世界的書。這本書會排除世界上大多數人經歷到的靈性困惑，無知之牆的隔閡會應聲而倒，百萬人的靈魂會因此找到自由。

　　────包柏・普克特（Bob Proctor），成功人生（Life Success）創辦人www.bobproctor.com

　　大多數人達到最高峰成功的時機，就是在最大的失敗之後。如果說拿破崙・希爾的《思考致富》提供了通往成功的地圖，那麼《與魔鬼對話》會幫助你破除阻撓成功的障礙。

　　────博恩・崔西（Brian Tracy），《致富之道》作者

　　我們常聽到人家說要忽略負面的存在，只要專注在正面。但是

當我們認清這兩種存在，並學習如何應付時，力量自然就會產生。這本書訴說著一個很棒的故事，也教導了不少絕佳的道理。

　　──賴瑞・文傑（Larry Winget），《紐約時報》和《華爾街日報》暢銷書《Shut Up, Stop Whining, and Get a Life！》作者

　　拿破崙・希爾不朽之作《思考致富》領先他的時代五十年。他新出土的寶藏《與魔鬼對話》更進一步的證明他的智慧和傳奇。希爾經由真的和假的、最好的和最壞的、對的和錯的來指導你，就好像他還活在世上一樣。如果你在尋求今天的先見之明，引導你明天的成功和充實，那麼你非讀本書不可。

　　──傑佛瑞・基特瑪（Jeffrey Gitomer），《銷售之神的12 1/2真理》（The Little Red Book of Selling）和《正面思考小書》（The Little Gold Book of Yes Attitude）作者

　　如果你不設計人生，人生就會設計你！拿破崙・希爾的《與魔鬼對話》提供你密碼，發揮最大的潛力。

　　──雷斯・布朗（Les Brown），《活出夢想》（Live Your Dreams）作者

　　希爾借用路易士（C. S. Lewis）在《地獄來信》（The Screwtape Letters）中的概念，擴大並用非常具有個人色彩的方式呈現主題。結果使我們透視到希爾不可思議的意念，看到他眼中的社會，其中盲目的設計，就是我們失敗的原因。現在出版《與魔鬼對話》可能還

是太過「前衛」。

——J. B. 希爾博士，拿破崙‧希爾的孫子

你可以輕易進入拿破崙‧希爾，這位勵志傳奇人物的意念。

——葛瑞克‧雷德（Greg S. Reid），《離金三尺》合著者

在現今讀者的心目中，希爾的教導最常被歸類於創造財富的智慧，時常和金錢畫上等號。但事實上，他和全世界分享了「如何度過人生的準則」，從人的內在開始、從人的內層意識著手，邀請我們把最大的潛力發揮到外在表現，不只為了我們個人的益處，也為了全人類。

——麥克‧柏納德‧貝奎斯（Michael Bernard Beckwith），
《性靈解放：實現滿足你靈魂的潛能》（Spiritual Liberation:
Fulfilling Your Soul's Potential）作者

拿破崙‧希爾不朽的智慧，加上莎朗‧萊希特和現代讀者溝通的能力，組合成《與魔鬼對話》，這是深刻且扭轉人生巨作《思考致富》的續集。當你一而再、再而三的閱讀本書時，你會發現思考的內容，就會成真！

——麗塔‧達文波特（Rita Davenport），作家、演說家和幽默作家

《思考致富》顯示成功的基本法則；《與魔鬼對話》則顯示阻擋你進步的原因，如何突破這些障礙，達到你應得的成功。

──史都瓦（Jim Stovall），暢銷書《超級禮物》（The Ultimate Gift）作者

你會發現他訪談的魔鬼是真有其人，還是虛構的人物──就像你自己個人生活和親身經驗中，可能會遇到的魔鬼一樣。

──馬克・維多・韓森（Mark Victor Hansen），紐約時報暢銷書榜首《心靈雞湯》（Chicken Soup for the Soul）合著者

從來沒有比現在更需要真理的時刻。我為莎朗・萊希特感到驕傲，她勇敢的站出來，把神放在我們人生的正中央。

──薩拉・歐米拉（Sara O'Meara），孩童援助（Childhelp., Inc.）的共同創辦人和主席，五次諾貝爾和平獎提名人

「恐懼是人類自我束縛的工具。滿滿的自信心,是人類自創的最佳武器——既能打敗魔鬼,又能用來打造成功的人生。此外,自信心是人類和宇宙無窮力量接軌的重要環節,如果人類不相信失敗和挫折,只當成是暫時性的經驗,那麼宇宙間的力量便成為他背後的支柱。」

——拿破崙‧希爾

與魔鬼對話
Outwitting the Devil

拿破崙・希爾（Napoleon Hill）◎著

莎朗・萊希特（Sharon L. Lechter）◎編

包丹丰◎譯

久石文化事業有限公司　發行

國家圖書館出版品預行編目資料

與魔鬼對話／
拿破崙・希爾（Napoleon Hill）／莎朗・萊希特（Sharon L. Lechter）著；包丹丰 譯. --初版--
臺北市：久石文化，2014.3〔民103〕
　面; 公分. --(Learning; 025)
譯自：*Outwitting the Devil*
　　ISBN 978-986-89209-9-6 (平裝)
　1.成功法
　177.2　　　　　　　　103001099

Learning　025
與魔鬼對話

作　　者／拿破崙・希爾（Napoleon Hill）
編　　著／莎朗・萊希特（Sharon L. Lechter）
譯　　者／包丹丰
發行人／陳文龍
編　　輯／黃明偉
特約校對／王秀萍
出版者／久石文化事業有限公司
地　　址／台北市南京東路一段二十五號十樓之四
電　　話／(02)2537-2498　傳　真／(02)2537-4409
網　　站／http://www.longstone.com.tw
E-mail／reader@longstone.com.tw
郵撥帳號／19916227　戶　名／久石文化事業有限公司
總經銷／紅螞蟻圖書有限公司
電　　話／(02) 2795-3656　傳　真／(02) 2795-4100
出版日期／2014年3月　初版一刷

This translation of Outwitting the Devil
This edition published by arrangement with Napoleon Hill Foundation.
Complex Chinese Edition Copyright: © 2014 LONGSTONE PUBLISHING CO., LTD
All rights reserved
Printed in Taiwan

定價300元　　　　　　　　　ISBN 978-986-89209-9-6
有著作權，侵害必究　　本書如有缺頁、破損、裝訂錯誤，請寄回本公司更換

拿破崙・希爾年輕時的照片

OUTWITTING the DEVIL!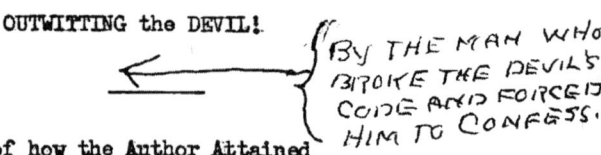

The Secret of how the Author Attained Physical and Financial Freedom

* * * * * * * * *

The **boldest** and the most inspiring of the self-help books by America's number one success philosopher who, after thirty years of diligent snooping, found the Devil and wrung from him an astounding confession disclosing where he lives, why he exists, and how he gains control over the minds of people, and how anyone can outwit him. The book is a generous course in psychology, making clear the working principles of the human mind. When you finish this story of the Devil you will know much more about God.

* * * * * * *

By

N a p o l e o n   H i l l

author of

THINK AND GROW RICH

MASTER-KEY to RICHES

本書打字稿加手寫真跡註解,翻攝自拿破崙‧希爾原稿。

目　錄

給讀者的話（莎朗・萊希特）　017

推薦序（馬克・韓森）　021

第 1 章　和安德魯・卡內基第一次會面　023

第 2 章　揭開全新的序幕　055

第 3 章　與魔鬼的奇異對話　073

第 4 章　與魔鬼隨波逐流　091

第 5 章　魔鬼的自白　117

第 6 章　催眠節奏　139

第 7 章　恐懼的種子　157

第 8 章　明確的目標　165

第 9 章　教育與宗教　177

第１０章　自制力　　201

第１１章　從逆境中學習　　217

第１２章　環境、時間、和諧和謹慎　　235

總結　　257

後記（麥克‧柏納德‧貝奎斯）　　267

迴響（莎朗‧萊希特）　　271

感謝　　275

作者介紹　　277

給讀者的話

莎朗・萊希特

《與魔鬼對話》是我有生以來，讀過最有深度的書籍。

首先，當拿破崙・希爾基金會（Napoleon Hill Foundation）的執行長唐・葛林（Don Green）找我商討這本書的合作計畫時，我真的感到十分榮幸能得到他的信任。在我讀完原始手稿之後，有整整一個禮拜的時間，我興奮到完全睡不著覺！

這份原始手稿，是成功學宗師鼻祖拿破崙・希爾在1938年時，親自用手動打字機完成的；這份手稿被希爾的家屬封藏了七十二年之後，現在終於公諸於世。為什麼呢？因為他們害怕，這一本書一旦問世後會激起軒然大波。希爾勇敢的在書中揭露，我們每天在日常生活中——在教會中、學校中、政治中等等遇到的魔鬼，用著什麼樣的方法運作，並且威脅到當時整個社會的核心價值。

當我問到，為什麼他的家屬一直藏匿著這份手稿時，唐・葛林敘述了以下這個不為人知的內幕：

拿破崙・希爾的太太安妮・露（Annie Lou）持反對意見。因為當威廉・布魯摩・雅各斯博士（Dr. William Plumer Jacobs）在南卡羅萊納州柯林頓市長老會學院（Presbyterian College in Clinton, South Carolina）擔任校長時，她是校長祕書。雅各斯博士同時也是雅各斯

報社（Jacobs Press）的社長，並且擔任過南卡羅萊納州紡織廠工會的法律顧問。雅各斯曾經聘請希爾到柯林頓市去為他工作。安妮·露不想要出版這本書是因為書中「魔鬼」的角色，她害怕本書會引起宗教團體的反對聲浪（也可能擔心希爾的工作不保）。雖然希爾早在1970年就過世了，但是安妮·露一直到1984年才過世。在她臨死前，將這份手稿交由當時的拿破崙·希爾基金會會長查理·強森博士（Dr. Charlie Johnson）保管，查理是安妮露的侄子。而查理的太太法藍琪（Frankie）對於這本書的感覺，和安妮·露一模一樣；因此她告訴查理，在她有生之年，這本書不准公諸於世。幾年前，法藍琪過世了，查理終於把手稿交給我，稿子已經裝訂好，『與魔鬼對話』這幾個字，以燙金浮雕在紅皮革封面上。本基金會認為這份手稿含有強而有力的訊息，需要公開與世人分享。

在和唐談完之後，我有一種非常強烈的領悟——雖然這本書早在1938年就完成，但是註定要到今天才能出版，註定要震撼當今整個社會！在這個經濟和靈性雙雙不確定的年代，這本書就是設計來提供解答，教導成功的關鍵，幫助我們戰勝個人生活中遇到的魔鬼。這本書同時揭露如何打造成功之路，讓個人達到成就的同時，替世界帶來不同凡響的價值。

《思想致富》幫助世界從經濟大恐慌中復甦和興盛；在今天，我們則有《與魔鬼對話》來幫助全球景氣復甦和興盛！

你可能會問，希爾相信他和魔鬼的問答是真實的嗎？或者整本

書只是虛構的？答案由你自己來選擇。但是我也問過唐・葛林，在希爾其他的著作中，是否有蛛絲馬跡可尋。以下是唐的回應：

對於希爾來說，虛構式的談話並非創新之舉。在1953年時，希爾出版了一本書，名為《如何獲得高薪》（How to Raise Your Own Salary），書中呈現希爾和卡內基的談話。在現實生活中，希爾在1908年的確親自訪談過卡內基，而卡內基是在 1919年過世的，遠遠在這本書出版之前就離開人世。

這並不是希爾第一次採用訪談的形式來表達自己的想法。在《思考致富》中，希爾談論到第六感時，曾經寫到他的「無形顧問」（imaginary council），共有九位偉人，他們一生的豐功偉業，讓希爾激賞不已。這九位偉人分別是愛默森（Emerson）、潘恩（Paine）、愛迪生（Edison）、達爾文（Darwin）、林肯（Lincoln）、柏班克（Burbank）、拿破崙（Napoleon）、福特（Ford）和卡內基（Carnegie）。

希爾在《思考致富》中寫到，當他和他的「無形顧問」開會商討時，當他的第六感開啟時，他發現自己的心智最為敏銳，最能接收靈光一現的想法、意念和知識。

《與魔鬼對話》絕不是他第一次公開發表個人對於宗教的看法。事實上，他在1928年出版《成功法則》（Law of Success）後，就曾經收到不滿讀者的信件，針對希爾抨擊學校制度和宗教團體的立場，表達強烈抗議。在《思考致富》中，「戰勝六種常見恐懼」

一章中,希爾寫到,人類之所以會恐懼死亡,絕大多數都是因為宗教狂熱所引起的。在這本經典暢銷書的恐懼這一章節裡,他發表了對於宗教領袖的許多見解。

就連在他出版的《黃金法則雜誌》(The Golden Rule Magazine)中,他也發表很多關於宗教的見解。其中有一篇文章的標題:「敬告基督教牧師們」,在這篇文章中他勸誡教會領袖們,要教導自己的信眾們彼此和諧相處。

所以由你自己選擇,希爾真的有和魔鬼對話嗎?還是這僅僅是一種比喻法,或是用來感化人心的手法?希爾的特殊寫作方式會讓你情不自禁的一直讀下去,並且出乎意料的讓你感動不已。本書中的一字一句,都是出自希爾。因為原稿非常冗長,我在編輯的時候用著非常審慎精準的態度,來保留原文的完整性和深遠的影響力。我甚至不去更動原始的字句,即使與我們今天習慣用的語句或語法已經有所出入。

在原稿中,我穿插加入了自己的想法,其中有幾個目的:(1)強調某些主題;(2)註解他的語句;(3)證明他的預測已經成真。我的寫作特意採用不同的字體來與原文區別,這種特殊的編排法,目的在於讓讀者輕易的選擇是否要讀我的註解。

希望你會喜歡這本偉大的書,並且跟朋友和家人一起分享。希爾話中的力量能永遠改變你的人生。

推薦序

馬克・維多・韓森

　　拿破崙・希爾博士堪稱史上最有名的勵志作家、思想家、號召者、和暢銷書作者。我們希望你儘快閱讀與魔鬼的對話，你的人生會因此受到深遠影響，發現魔鬼到底是誰，以及他如何影響世上百分之九十八的人們，這一切都出自魔鬼自己的招供。

　　身為一個思想促進者，希爾很快就進入本書主題，帶領讀者瀏覽他的人生，和一生中有意義的轉捩點。希爾早已學到地球上最偉大、最有用、和立竿見影的成功法則，但是他卻不知道要怎麼使用和靈活運用。在今天，我們認為有許多的人也面臨了同樣的難題。光是嘴上說、腦袋想是很容易辦到的，但是真正要每天在每個層面上身體力行，就需要深深的下定決心，持續的去做。

　　莎朗・萊希特的註解闡明了希爾的語詞意義，也順應時代要求轉化為今日的幣值、概念和理解。

　　希爾博士的目標是，清楚的傳達一套個人成功體系及其操作方式，這套體系會帶來持久性的快樂。他的內在力量帶領他找到人生的彩虹。

　　你現在身處於史上最艱困的時代，受到嚴厲的考驗——就像希爾當年身處於經濟大蕭條一樣。他在感覺和舉止各方面，都感到憂鬱和沮喪，這種態度有害他的生命，同樣也會傷害你的生命和健

康。讀了本書後,你會獲得幫助,從死氣沈沈和負面心態中覺醒,帶領你步向一條新的康莊大道,邁向更光明、更好而且報酬率更高的未來。

就像希爾一樣,你也要作恐懼的主人,而不是淪為恐懼的奴隸。你要熱情且有意義的過著人生,決定自己想要成為怎麼樣的人、想做什麼、想擁有什麼,然後加以實現。

當你重新溫習希爾博士的偉大神奇發現時,你會知道並相信自己辦得到,而且青出於藍更勝於藍,只要你有渴望,因為你的力量是無限的。希爾說得好:「你唯一的限制,是你在自己的意念中設定的。」這本書會喚起你的自覺意識。他訪問五百位傑出人士後所得到的寶貴知識,只要你加以運用,就會有突破性的進展。

你會發現與他對話的魔鬼是真有其人,還是虛構的人物──就像你自己個人生活和親身經驗中,可能會遇到的魔鬼一樣。

──馬克‧維多‧韓森

馬克‧維多‧韓森(Mark Victor Hansen)是《紐約時報》暢銷書榜首《心靈雞湯》(Chicken Soup for the Soul)作者群之一,也是《有錢人就是這麼想》(Cracking the Millionaire Code)、《一分鐘億萬富翁》(The One Minute Millionaire)和《賺錢和吃飯一樣容易》(Cash in a Flash)合著者。

1

和安德魯・卡內基第一次會面

outwitting the devil

　　超過四分之一個世紀，我人生中的最大目標是發展並組織出一套成功學，其中包括了導致成功和失敗的各種因素，目的是為了造福人群，因為他們既沒有條件、也沒有機會去鑽研這一類的研究。

　　我的研究從1908年開始，就在我和已故名人安德魯・卡內基（Andrew Carnegie）會面之後隨即展開。當時我老實的告訴卡內基先生，我要進法學院攻讀法律，而且我想到一個籌足龐大學費的好方法——我要訪談社會上成功的人士，找出他們成功的祕訣，然後把這些心得寫成文章，賣給雜誌社出版。就在我們訪談接近尾聲時，卡內基先生問我是否有足夠的勇氣去執行一個他要給我的提議。我回答他：我別的沒有，就是有勇氣。我又告訴他，無論他給我任何寶貴的建議，我已經準備好要盡全力去實現。

　　於是他說：「寫下成功人士發跡過程的這個想法，本身非常值得嘉獎，我並不想阻止你達成自己的心願。不過我得告訴你，如果你想要讓自己的寫作生涯長久，除了要幫助當今世上的人，還得能

幫到未來世世代代的人。你必須先投注時間，有系統的組織出人們失敗和成功的各種因素，才能寫出這麼偉大的作品。

世界上的數百萬人對於導致成功和失敗的原因，連最根本的概念都沒有。學校和學院裡什麼科目都教，就是沒有教學生如何追求個人成就的法則。他們要求年輕的男女，每人花四到八年的時間去獲得抽象的知識，但是卻沒有教他們在獲得知識之後，要怎麼去靈活運用。

這個世界需要一套實用且易懂的成功學，是世上男男女女在偉大的『人生大學』中學得的真實人生經驗中，所精鍊萃取出來的一套體系。在整個哲學領域中，我還找不到有哪一門學問是類似我心目中所想的體系。不過有幾位哲學家倒是很能教導人類生活的藝術。

我認為，像你這樣野心勃勃的年輕人，應該接受這項挑戰，把握這個大好機會。不過，光是有野心，尚不足以完成我剛才提出來的這項艱難任務，必須還要有勇氣和不屈不撓的毅力，才可能勝任。

這份工作會耗上至少二十年的功夫，必須孜孜不倦的研究。在進行這麼龐大的計畫時，得從其他管道找到謀生的方法，因為這一類的研究剛開始絕對不可能帶來收入。在歷史上，對人類文明做出劃時代貢獻的人，通常要在自己入土為安之後，等上大概一百年之後，他們辛苦的耕耘才會得到世人一致的讚賞。」

以下全書黑體字部分為莎倫‧萊希特的註解。

＊＊＊

二十年來辛苦工作，既沒有收入也得不到別人認同！如果換作是你，你會怎麼回應這個「提議」？希爾接下來會提到，他接受了這個挑戰，卡內基幫他寫了一封推薦信函。憑著這封信，希爾開始訪問當時的政經商和學界諸多巨擘，包含了西奧多‧羅斯福總統（Theodore Roosevelt）、愛迪生（Thomas Edison）、洛克‧斐勒（John D. Rockefeller）、亨利‧福特（Henry Ford）、貝爾（Alexander Graham Ford）、金吉列（King Gillette）（美國吉列安全刮鬍刀片創辦者），還有其他諸多卓越成功人士。經過二十五年的研究，他最後將努力的成果濃縮成幾本著作，其中包括整套八冊的《成功法則》（Law of Success），和《思考致富》（Think and Grow Rich）。《思考致富》這本書被全世界公認為自我勵志（self-development）系統裡的鼻祖，當今世界上所有激勵大師，全都是取經於《思考致富》中所教導的準則，以他的教導為基礎後所衍生出來的。事後回憶起來，希爾發現、發展和出版《思考致富》的過程，完全是在親身體驗和學習本書中所教導的法則之一。《與魔鬼對話》的原稿寫作時間，很可能是《思考致富》出版後的隔年，因為在本書中忠實的呈現作者了發現「另我」（other self）的存在，過程中雖然充滿挫折，但是他成功運用《思考致富》中所教導的法則，最後征服挫折。《與魔鬼對話》詳實記載了希爾個人靈性啟蒙

經歷,這一段和魔鬼交手的經驗,會讓讀者感到如獲至寶。

* * *

「如果你接下這份任務,你訪問的對象除了少數功成名就的人之外,更該去訪問那些失敗的人。在蒐集了幾千個失敗的例子之後,你要審慎的加以分析。不過,我所謂『失敗』,指的是那些曾經在心中立下雄心壯志,但是終其一生卻沒有實現夢想的人。也許聽起來很矛盾,但是你從失敗者身上,比所謂的『成功者』,更能學到許多關於成功的教訓。你會學到自己不該做什麼。

如果你能堅持執行這項任務,那麼快到結束時,你會意外發現一個超級大的祕密。你會發覺成功的因素並不是一種獨立的或外在的力量,而是大自然中一股非常微妙的內建力量,這股力量我們姑且可稱之為『另我』。值得注意的是,這一股隱性的力量非常低調,也鮮少發揮影響力——除非遇上了特殊的緊急狀況,或陷入重大危機之中,否則大多數人終其一生都未能發現它的存在。只有受到逆境和暫時性的挫敗之磨練,才會被迫改變自己的習慣。因為迫不得已,必須從思考方式開始改變,想盡辦法要找到出路。

從自己的經驗中我學到,當人落到一敗塗地的地步時,成功就近在咫尺,因為只有在這種緊要關頭,人才會痛定思痛,深思熟慮。如果他正確的思考,努力不懈,就會發現所謂的失敗只不過是一種警訊,提醒他重新提出戰略方式或目的。『真正的失敗』其實只是大多數人在心中畫地自限的結果,如果他們能鼓起勇氣,再往

前邁出一步,就會發現自己犯的錯誤。」

＊＊＊

「真正的失敗其實只是大多數人在心中自我設限的結果。」

「負面心態」和「自我懷疑」（self-doubt）是阻擋成功的最主要障礙物。有許多人一輩子平平順順,從來也沒有遇過什麼難題,但在經濟這麼不景氣的年代,現在第一次面臨了財務上吃緊的窘境。這些人無法解套的最大障礙,就是因為他們心中充滿了恐懼和自我懷疑——因為剛剛經歷過財務危機,他們心中的陰影還未解除。你是不是讓自己敗給景氣了?自我懷疑和自我破壞（self-sabotage）是不是一再阻攔你追求夢想?你,是不是自己最大的敵人?在《思考致富》中,希爾闡述了一個探勘金礦的故事,描述探勘者達比（R.U. Darby）的經歷。當他去開採一座蘊藏量應該很豐富的礦脈時,礦脈突然中斷,讓達比懊惱不已。在不得已的情況下,他賤價出售礦脈產權給鎮上一個收購廢銅爛鐵的生意人。這個生意人很聰明,請了專業的鑑定師來探勘,發現當初如果達比再往下多挖三尺,就會發現原本以為已經枯竭的礦脈。如果當初達比能堅持下去,就會一夕致富,但是他選擇放棄夢想,前功盡棄——想想看,他離這個大金礦只差了區區三尺！但是他從錯誤中記取教訓,從失敗的地方站起來,轉而投身到金融保險業,最後建立了一個龐大的保險帝國。當你快要達到偉大的成功,當金礦已經近在咫尺時,你會不會也輕言放棄?（你可以從《離金三尺》（Three Feet from Gold）這本書中，讀到很多當今指標性人物，在度過難關時如何堅忍不拔的感人故事。）

＊＊＊

展開全新的人生

　　卡內基先生的這一番話，徹底改變了我的人生，在我心中植下一股熱切的渴望，並幫助我鞭策自己永不懈怠。不過當時他所謂「另我」這個概念，我只能從字面上含糊的揣測是什麼意思。

　　在我從事失敗和成功的研究時，分析了超過兩萬五千名「失敗」的男女，和五百位「成功」人士。在許多年前，我首次驚鴻一瞥卡內基先生當年口中的「另我」到底為何。事情發生的經過，如同他所預料的，在我經歷人生中兩次重大轉捩點時，於前所未見的極度危機之下，我被迫以思考來尋找出路。

　　描述發現「另我」的過程，必須用自述的主觀角度來述說整個故事，因為我的確是整個事件中的主角，不可能把我從這個故事中抽離。為了讓你看到整件事情的始末，我將從頭說起，清楚的呈現人生中的這兩個轉捩點，按照發生順序，一步一步地帶你走進故事中。

　　在我耗費多年光陰，辛苦蒐集到足夠的研究數據之後，從這些案例中濃縮出成功的十七項法則，和導致失敗的三十種因素。

　　我錯誤的以為自己大功告成，因為個人成就的整個體系已經建

立完成。事後證明，距離完成還相差十萬八千里，我的工作其實才剛剛開始。是的，我是建立起整套體系的骨架，這十七項成功法則和三十種失敗因素就像人體的骨骼一樣；但是光有骨骼還不夠，還得加上以經驗和運用做成的血肉。而且僅靠著血肉之軀也不夠，還得賦予整套系統靈魂，如此當人們遇到困難和挫折時，才能得到靈感來帶領他們走出難關，不致於手足無措。

後來我才發現，在自己經歷過兩次重大危機後，就在我察覺「另我」的存在之後，這套體系的「靈魂」才漸漸成形。

我決心要投入商界，把自己的注意力和才能投注在專業領域上，以得到實質的金錢回報。我選擇了行銷這門專業，成為拉撒爾函授大學芝加哥分校（LaSalle Extension University of Chicago）的廣告行銷經理 。在任職的頭一年，一切順利，但是一年之後，我突然極度厭惡這份工作，毅然決然地辭去。

在離職之後，我和拉撒爾函授大學的前校長一同經營連鎖店，成為貝絲‧羅斯糖果店（Betsy Ross Candy Company）的董事長。可惜，當時因為和同事的經營理念不合，在這個職位上也沒有待太久，當時我覺得很不幸。

但是我的血液裡充滿了對廣告的熱愛，因此我在布萊恩特大學（Bryant and Stratton College）旗下，成立了廣告推銷學院（School of Advertising and Salesmanship）。

學校營運很順利，當美國加入第一次世界大戰後，學校營收節節上升。但是當時我又感覺到一股難以形容的內在衝動，我毅

然退出學校的經營，轉而投入美國聯邦政府工作，在威爾遜總統（President Woodrow Wilson）的身邊工作。原本一帆風順的學院很快就四分五裂。

在1918年的11月11日停戰日（Armistice Day），我創刊《黃金法則雜誌》（The Golden Rule Magazine），雖然我當時身無分文，完全沒有資金可言，但是這本雜誌銷售速度驚人，在短短的時間之內，全國的發行量將近五十萬冊，頭一年的營收淨利為3,156美元。

* * *

根據美國勞工局（U.S. Bureau of Labor）統計，綜合消費物價指數（Consumer Price Index）變動，並且以202,000美元為國內平均收入（nominal GDP per capita）來計算，在1918年，3,156美元的年營收大約等同於今日的45,000美元。在期刊雜誌界來說，頭一年淨收45,000美元算是很亮麗的成績。平均來說，新興雜誌在第一年的淘汰率高達百分之八十到九十，即使是成功的雜誌也需要三到五年的時間才能轉虧為盈。（http://www.magazinepublisher.com/startup.html）

* * *

幾年後，一位頗有經驗的出版商告訴我，就算是經驗再怎麼老道的出版商，要創刊這樣的雜誌，少說也要有50萬美元的資本，才足以發行和銷售到全國各地。

可惜命中早已註定，我會和《黃金法則雜誌》分道揚鑣。當

雜誌越來越成功，我卻越來越不滿足。隨著時間過去，我和同事之間的相處也有些不愉快，一點小事最後終於爆發出嚴重衝突，我毅然退出經營，把這本雜誌當作禮物白白奉送給他們。在這一件事情上，我的確是把一筆不小的財富拱手讓人。

＊＊＊

希爾對於雜誌的熱愛從此開始，在發行了《黃金法則雜誌》之後，他又發行了《拿破崙·希爾雜誌》（The Napoleon Hill Magazine）。後來他又成為《美國成功雜誌》（SUCCESS）的編輯，這本雜誌到今天都還在發行。

＊＊＊

接下來，我成立了一所銷售培訓學校。成立之後接到的第一個案子，就是替一家連鎖商店培訓高達三千人的業務團隊，學員通過完整培訓之後，我的酬勞按照學員人頭計算，每人10美元。在短短六個月之內，我進帳超過30,000美元。我的付出得到了非常大的成功，如果單從金錢的角度來說，30,000美元的報酬不是筆小數目。但是「不安份」的因子又開始在我心裡蠢蠢欲動，我非常不快樂。日子一天一天的過去，金錢越來越不能滿足我，不管多大的金額都無法讓我快樂。

在毫無正當理由的情況下，我退出這個學校的經營，放棄了一份薪水優渥的職位。我的朋友和同事都覺得我是發瘋了，才會做出

這種傻事，而且他們也直言不諱的表達個人意見。

老實說，我當時也覺得他們的話有道理，但是我之所以會出此下策也出於無奈——我要尋找快樂，卻遍尋不著。至少我認為，在如此不尋常的舉動背後，這是唯一的解釋。在這個世界上，有哪個人能真正理解自己呢？

* * *

「『不安份』的因子又開始在我心裡蠢蠢欲動，我非常不快樂。日子一天一天的過去，金錢越來越不能滿足我，不管多大的金額都無法讓我快樂。」

在幾年前，我可能會寫下如此的肺腑之言。但是當我痛下決心，主動離開一份薪資優渥卻與個人理念不合的工作，就在我付諸行動之後，新的契機隨之展開，許多門也為我而開啟。事後證明，這是我一生中在專業上作過最好的選擇。你的人生中是否也有過類似的經驗：當你下了一個很困難的決定，雖然心裡很篤定，但旁人卻不停質疑你的判斷能力，這真的是正確的選擇？

* * *

1923年深秋，我發現自己困在俄亥俄州的哥倫布市（Columbus, Ohio），不但身無分文，更糟的是，到底要怎麼做才能突破困境，我一籌莫展。這是我人生中第一次因為缺乏金錢而窮困潦倒。

在此之前，我也曾經有過手頭拮据的時候，但是我從來沒有落

到這種地步，連個人溫飽都成了問題。這一次我真的嚇呆了，對於我能做什麼，或該做什麼，完全一片茫然。

我想出十幾個能解決問題的計畫，但是又一個一個地被我自己推翻了——有的太不實際，有的完全不可能達成。我覺得自己好像在叢林中迷了路，完全沒有指南針可以導引方向。我一次一次的試著要走出問題，但每一次都被打回原點。

長達兩個月，我經歷著人性中最慘痛的疾病——優柔寡斷。我明明知道實現個人成就的十七個法則，但是卻不知道要怎麼運用！我渾然不知自己正面臨的重大危機，就是當年卡內基先生口中，人類有時在面對這類緊急狀況時，無意間會發現「另我」的存在。

我的痛苦非常嚴重，嚴重到完全沒有想到我應該要坐下來，好好的分析導致貧窮的原因，然後對症下藥。

* * *

「人性中最慘痛的疾病——優柔寡斷。」

你是否也曾經因為優柔寡斷而完全癱瘓？這就是拿破崙·希爾一生中最重要的轉捩點。從職場中不停的換工作，卻遍尋不著理想的職業和精神上的滿足感，聽起來就像許多人曾經遭遇到的問題……很多人想要從工作和人生中找到滿足。希爾自己也坦承，他之所以會落到這個地步，完全是自作自受。雖然，今天有許多人同樣因為外在的大環境不景氣，落到窮困潦倒的慘況。但希爾走出自己暫時性的挫折，把這次慘痛的教訓當作是鞭策自己，強迫自己分析

思考,並且找到他的「另我」。如果你個人的經濟狀況也受到強烈的打擊,也可以把這種教訓當成施力點,激發自己向上的企圖心,找到你的「另我」。

＊＊＊

化失敗為成功

有一天下午,我下定決心一定要找到問題的出路。我有一個感覺,應該去鄉下「空曠的地方」呼吸新鮮的空氣,然後好好的思考一番。

於是我開始往郊外走去,走了大約七、八英哩之後,我發現自己的腳步突然戛然而止。長達好幾分鐘,覺得自己好像被強力膠黏住了一樣動彈不得。周遭突然變得黑暗,我感到周圍有一股能量,以非常高的速度震動著,並且發生非常大的聲響。

然後我的神經安靜下來,肌肉放鬆,一種美妙的平靜感環繞著我。黑暗退去,周圍的景色漸漸清晰起來,就在這時我從自己內在收到一個指令,這個指令是以意念的形式出現,至少我覺得「意念」是最貼近的解釋。

這個指令又清晰又明確,我不可能誤解指令的內容。內容大意是:「時間已經到了,你必須完成這套成功法則體系,這是你遵照卡內基的建議所做的。立刻回家去,把你所蒐集到的數據和資料,這些你存在腦海中的研究結果,全部撰寫成手稿。」我的「另我」

覺醒了。

有好幾分鐘的時間，我覺得很害怕，我從來沒有過類似的經驗。我轉身且快步的走回家，當快到家門口時，看到三個兒子正看著窗外，看著隔壁鄰居的小孩高高興興的裝飾著聖誕樹。

然後我猛然想起，今晚是聖誕夜，我的心中湧出一股從未有過的悲從中來的感覺，因為我們家買不起聖誕樹。看著孩子們臉上的失望表情，我的心深深刺痛著。

我進到屋內，在打字機旁坐下，立刻開始工作，把我多年以來研究的所有成功和失敗之例子化為文字。當我把第一張紙放進打字機裡，我被同一股奇特的力量打斷工作。這種感覺和幾個小時之前，在鄉下所感覺到的如出一轍，有一股意念又再次閃進我的腦海裡：

「你人生的使命是去完成世界上第一套個人成功體系。你一直試著逃避這項任務，卻徒勞無功，反倒給自己帶來更多的挫敗。你說你在尋找快樂，那麼就仔細的聽著，好好的記取這個教訓，你找到快樂的唯一方式，就是去幫助其他人找到他們的快樂。你是個頑固的學生，只有歷經失望，才能治好你頑固的毛病。幾年之後，整個世界會歷經一個大轉變，千千萬萬的人會需要這樣的一套成功體系，你已經受到啟發，要去完成這份工作。你的偉大機會——藉由有效的服務他人而找到快樂的時機就快要到了。開始工作，直到你完成並出版手稿之前，都不要停止手上這份重要工作。」

終於，我人生中的彩虹就要出現了，我一心一意的想著這一

點,我高興極了!

「懷疑」登場

如夢似幻的神奇經驗就這樣過去了。我開始不停的寫作,但是在不久之後,我的「理智」漸漸試圖阻撓我,想要說服我放棄這項愚不可及的任務。想想看,像我這樣一個窮困潦倒,幾乎走投無路的人,要如何寫出一套令人信服的個人成功學體系呢?這簡直是痴人說夢!這個念頭越想越滑稽,我終於禁不住啞然失笑,甚至還帶著點自嘲的意味。

我坐立不安,坐在椅子上用手指不停的撥弄頭髮,心裡不斷的想著,能不能找到什麼理由或藉口來說服自己——現在伸手把打字機裡的紙抽出來,完全是合情合理的舉動。雖然到目前為止,我還沒寫多少,但是繼續堅持下去的動力,比放棄的念頭強烈多了。我安心下來,繼續努力完成任務。

* * *

「但是繼續堅持下去的動力,比放棄的念頭強烈多了。」

記得你也曾經想要放棄,但是冥冥中好像有一股力量驅策你繼續下去?這股力量很可能就是你的「另我」。

* * *

　　事後回想起來，我可以肯定的是，我所通過的這些逆境和考驗，反而是我人生中最值得慶幸和最受用不盡的經驗。所謂「塞翁失馬，焉知非福」，這些逆境迫使我堅持繼續走在這一條未知的道路上，事後證明這條道路把我引到偉大的成就。因為多年下來在成功學上的深耕，我對於人類社會做出的貢獻，遠遠超過我之前做過的任何企畫或計畫。

　　長達三個月，我不停的寫著，在1924年初完成了稿件。就在書完成之後，我覺得自己又再一次禁不起誘惑，又被引誘到美國商業界那個龐大的契機之中。

　　在屈服誘惑之後，我買下位在俄亥俄州克里夫蘭市（Cleveland, Ohio）的大都會商學院（Metropolitan Business College），然後立刻做出如何擴大招生的計畫。在1924年底，我們課程的規模越來越大，註冊人數也節節上升。在增加了許多新課程之後，這個商學院的總學生數成倍數增加，破紀錄的達到有史以來之最高點。

　　但不幸的是，不滿足的種子漸漸在我的血液中萌芽，我又再一次感受到這一類的成就不能帶給我快樂。於是我將整個企業交給同事們去經營，轉而投身教職，在同一所學院裡開授成功學的課程，也就是我之前花了好多年的時間研究組織的體系。

　　有一個晚上，我在俄亥俄州坎頓市（Canton, Ohio）安排了一門課程。也許是命中註定，人類有時就是逃不了命運的捉弄，不論我

們多麼小心謹慎，有些事情人算總是不如天算，這門課程註定最後導致我飽受慘痛的經驗。

當晚在坎頓市的聽眾當中，有一位名叫唐・林・美樂（Don R. Mellett）的學員，是《坎頓市每日郵報》（Canton Daily News）的發行人。美樂先生對於當天我所發表的個人成功學之見解，表現出極大的興趣，於是他邀請我隔天到報社去見他。

隔天我們訪談的結果，導出一樁合夥計畫。計畫的內容如下：美樂先生計畫在隔年的1月1日，正式辭去《每日郵報》發行人的職務，我們將聯手出版我講授的這一門成功學體系，由我來負責書本內容，由他來負責經營和出版等事宜。

不幸的是，在1926年7月，美樂先生慘遭黑社會分子派特・麥德馬（Pat McDermott）和另一名坎頓市警察所槍殺，所幸這兩位兇手均被繩之以法，被判終生監禁無期徒刑。美樂先生之所以會慘遭殺害，是因為他正打算利用報紙來揭發一樁醜聞——當地坎頓警察局中有某些特定人士，和非法製造私酒者之間勾結，亦即黑白兩道間的勾結與利益輸送。這是美國歷史上禁酒時期（prohibition era）中最引人爭議的醜聞之一。

＊＊＊

在1926年7月，俄亥俄州坎頓市《每日郵報》編輯唐諾・林・美樂，因主張掃黑改革而被槍殺，這是1920年代美國最為人所知的謀殺案。1925年，美樂發現了當地坎頓警察局內的貪汙腐敗現象屢見

不鮮，於是他發起一系列反腐敗、反貪汙的社論行動，針對坎頓市警察局長以及其他相關人士發表批判聲浪。根據報導，當時希爾也加入改革運動，要求俄亥俄州州長針對此項貪汙進行特別調查，但是這一細節在希爾的自述中並沒有提到。

當地黑社會分子和至少一位坎頓市警察，僱用來自賓夕法尼亞州（Pennsylvania）的前科犯派翠克・麥德馬（Patrick McDermott）來殺人滅口。美樂在住家之外被槍殺致死。根據傳言，殺手本已埋伏要殺害希爾，所幸當時因為汽車拋錨，希爾因此躲過一劫。在7月17日，《紐約時報》（New York Times）有一篇報導標題為「繼坎頓市編輯遭殺害之後，更多死亡威脅」，坎頓市居民「因而陷入恐慌，深怕賭徒老大、非法造酒商和其他的罪犯會因此大開殺戒」。以下希爾會談到，在得知美樂的死訊之後，他接到一通匿名電話，警告他要馬上出城，因此逃到西維吉尼亞州（West Virginia）。後來因為史塔克郡（Stark County）一位檢察官僱用了私家偵探進行調查，麥德馬、兩位當地黑道分子和一位前警察局警探，最後終於招認殺害美樂的謀殺罪，並且入監服刑。

＊＊＊

僥倖救我一命

美樂先生遇害後的隔天早晨，我接到一通匿名電話，某位不明人士在電話中恐嚇我，限我一個小時之內離開坎頓市──如果我識

相的話，一個小時之內我是自己用雙腳走出去；如果耽擱了時間，那就等著躺在棺材裡被抬出去。顯然有人誤會了我和美樂先生之間的合作關係，謀殺他的人把我和他的報社所揭發的貪瀆案之間，做出了不當的聯想。

聽完這通電話之後，不到一個小時之內我立刻開車逃離坎頓市，往南疾駛，開往位在西維吉尼亞州深山裡的親戚家，直到行凶的歹徒入獄之前，我一直寄居在這個親戚家裡。

這次千鈞一髮的經驗，驚險的程度完全符合卡內基先生口中「強迫人思考的緊急狀況」，這是我一生中首次嘗到什麼叫作「持續性的恐懼」之痛苦。幾年前在哥倫布市窮困潦倒的經驗，已經為我種下懷疑和暫時性優柔寡斷的惡習，但是這一次在坎頓市攸關生死的經驗，則給我帶來一種揮之不去的恐懼感。我在西維吉尼亞避風頭的那一段日子，幾乎不敢夜間出門，即使偶爾離開房子，我的手總是插進外套的口袋當中，緊緊握著手槍，保險拴也早已拉開，以便能隨時採取行動。即使在屋子裡我也絲毫不敢放鬆，只要有陌生的車輛停在房子前面，我就會躲到地下室去，從地下室的窗子仔細打量車內的乘客。

接連幾個月這樣神經兮兮的過日子，我的神經終於禁不起疲勞轟炸，開始出現問題。我的勇氣完全消失，多年來研究個人成功與失敗因素所培養出來的那股企圖心和雄心壯志，也煙消雲散。

漸漸的，我發現自己一天一天的消沈下去，最後整天垂頭喪氣，完全提不起精神，我很怕自己就此一蹶不振。我打個比方來形

容這種感覺：這就好像一個人突然掉進流沙裡後拼命掙扎，卻驚覺自己無論如何都無法逃脫流沙的漩渦；更糟的是，每一次掙扎不僅徒勞無功，甚至會加速被流沙吞噬的速度。恐懼是人類內心自行生成的沼澤。

如果我天生就遺傳有瘋狂的基因，那麼這幾個月生不如死的日子，足以使這些瘋狂基因萌芽了。我的腦海日以繼夜的充斥著各種愚蠢的猜忌、優柔寡斷的夢想、懷疑和恐懼。

我所遭遇到的「緊急狀況」，實際上對我造成兩種不同種類的傷害。首先，因為問題本身攸關生死，所以我持續性的處在優柔寡斷和恐懼的狀態中。其次，因為我被迫在深山避風頭，整天無所事事之下，每一分、每一秒都感覺窒息難捱，更加重了我的憂慮。

我的理性思考機制似乎已經完全癱瘓了。我深切的體認到自己必須自立自強，走出這種精神上的焦慮狀態。但要怎麼做呢？以前的我足智多謀，不管遇到什麼樣的意外狀況，總能急中生智，化險為夷，但如今那些聰明機智全都不復存在，我發現自己徬徨無助。

到此為止，這兩種傷害帶來的痛苦已經夠難受了，但我又出現另一種問題，痛苦的程度遠遠超過前面兩種的總和。我察覺到自己花了大半輩子的時間，追尋天邊一抹不切實際的彩虹，打著燈籠到處尋找達到成功的因素，如今我卻落到如此不堪的地步，在我研究中的那兩萬五千名所謂的「失敗人士」，還比我強呢！

這個念頭簡直要讓我抓狂！更糟的是，我覺得自己成了奇恥大辱，因為我還受邀到全國各處去演講，到各級學校、專科學院和

私人企業去授課，自以為很懂如何運用導致成功的十七條準則，但是今天我卻在這裡走投無路，根本無法去運用我自己研究出來的成果。我很確定自己從今以後，再也無法自信滿滿的面對整個世界。

每一次我看著鏡子裡的自己，總發現臉上帶著一抹輕蔑的表情。偶爾發現自己對著鏡子講難聽的話，這些話我實在無法寫進書裡。我甚至開始懷疑自己是不是個江湖郎中，在檯面上教大庭廣眾如何反敗為勝的良方，但是私底下自己卻根本無法運用這些準則。

當時，槍殺美樂先生的幾個殺人犯都已經被判無期徒刑，而且全都已鋃鐺入獄，因此大家都認為整件風波已經平息，我的人身安全應該不再是問題，我大可以離開藏匿的居所，繼續我的工作。但我卻走不出來，因為現在我面臨的情勢，比槍擊犯更加可怕。

經過整場暗殺風暴後，我原本的進取心全都消失無蹤。我整天鬱鬱寡歡，無形的憂鬱感籠罩全身，人生就像是一場醒不來的惡夢。我是活著沒有錯，行動也靈活自如，但是就是想不出下一步該怎麼辦，才能繼續朝著原有的目標前進，完成卡內基先生給我的指示。我突然間性情大變，不僅是對自己冷冰冰，更糟的是，就連對那些好心收留我的親戚、陪著我度過「危機」的這些恩人，我也開始變得暴躁和易怒。

這真是我人生中面臨到的最大危機。筆墨實在難以形容我當時的痛苦，除非你曾經有過類似的經驗，否則實在很難理解箇中的滋味。

outwitting the devil

* * *

「我的理性思考機制似乎已經完全癱瘓了。」

一開始，人身安全的恐懼癱瘓了希爾，然後他又被恥辱所擊倒——因為自己被恐懼所癱瘓而感到羞愧。你是否曾被類似的情緒癱瘓呢？當你面對自己的「危機」時，恐懼也許能激發你向上，但也可能讓你恐懼到癱瘓。然而只要你認清這個事實——面對恐懼時可以選擇正面應對，讓自己的人生轉變得更好。今天有很多人也感受到類似的憤怒情緒——先是焦躁易怒，接下來則是冷淡無情的窒息感。這種灰心喪志和缺乏自信心的現象，是因為財務狀況或個人生活面臨了不確定性。他們可能感到憤怒，或是任由這種憤怒感癱瘓自己。有一個年輕的男子正是因為這樣來找我，他說：「我今年三十歲，但是沒有一技之長，前途一片黯淡。」問他為什麼不想辦法改善自己的狀況，他有一籮筐搪塞推辭的藉口。針對這一點，我表示如果他不改變，情況也不會改變。我說：「除非你付出一點努力，否則一年之後，唯一的差別是你會變成三十一歲，但還是沒有一技之長，前途還是一片黯淡。」這種模式聽起來是不是很耳熟呢？你自己或是身邊的人是不是也有這種狀況？你要怎麼打破這種癱瘓無力的感覺呢？拿破崙・希爾接下來就要分享他當初是如何克服自己的恐懼和冷淡，他是怎麼找到希望、靈感，如何找到復原的動力，如何打造出成功的人生。

* * *

我人生中最戲劇性的時刻

　　1927年的秋天,就在坎頓市暗殺事件發生一年多之後,我的人生突然有了一百八十度的大轉彎。有一天晚上,我離開親戚的房子,走到地勢比小鎮略高的一座小山丘上的一所公立小學校舍。

　　我下了決定,在黎明之前一定要說服自己,把整件事情弄個水落石出。我開始繞著校舍一圈又一圈的走,試著強迫自己混沌不清的腦子清晰思考。我已經繞著校舍走了好幾圈了,但是腦子裡仍舊一片空白,連一點有組織性的想法都沒有。我一邊走一邊嘴裡念念有詞的說:「我一定要找到出路,找不到就不回去!」就這樣反覆的念著,大概至少有一千次吧!但是,我是認真的,我真的很厭惡自己,然而心中還抱持著一絲獲得解救的希望。

　　突然之間,就像是一道閃電穿過晴朗的天空一樣,一個強大的念頭忽然閃進我的心裡,這股念頭的力量強到使我全身的血液一股腦的往上衝,然後又順著血管往下沈。

　　「這是你受考驗的時期。你被降到貧窮和屈辱的境界,只有落到這個地步,才能迫使你發現『另我』的存在。」

＊＊＊

　　如果當今大環境的經濟情勢對你產生嚴重的打擊,使你落到貧窮的地步,或者令你感到羞愧、自信心受損,請你效法1920年代晚期至1930年代初期的拿破崙・希爾——把這段時間看成是受考驗的

時期，強迫自己要發現你的「另我」。在遇到人生的低潮期時要毫不懈怠，只要堅持下去，你會得到成功所需的靈感。

* * *

過去的幾年，我早已忘了當年卡內基先生口中提到的「另我」。現在我猛然想起，他當時不只提到我會發現另我，甚至明確的指出，發現的時機會在導致成功與失敗的研究工作將近尾聲的時候。他還預言這項大發現的契機，會是我度過個人危機後的結果，因為人類只有在不得已的情況下，才會被迫改變原有的思考習慣，試圖想出問題的解決方法。

此時，我還繼續繞著校舍走，但是我樂得幾乎要飄了起來。我下意識的感覺到，我就快要掙脫這座監獄了──這座我自己打造，用來監禁自己的牢籠！

突然間我領悟到一項道理：這個重大的危機給我帶來了一個機會，不只是發現「另我」，也同時驗證我一直在教授的這一門成功學體系之健全程度。很快的，我就會得知驗證結果是否有效。我當下在心中作了一個決定，如果無效，那麼我就會把自己親手寫的手稿全都燒掉，從此跟罪惡感一刀兩斷；再也不告訴別人，他們是「自己命運的主人，靈魂的領航者」。

* * *

此處希爾引用了英國詩人威廉・亨利（William Ernest Henley，

046 ⊙ 與魔鬼對話
outwitting the devil

1849-1903）於1888年出版的短詩《打不倒的勇者》（Invictus）。

夜幕低垂將我籠罩
宛如陷入漆黑地窖
我感謝萬能的眾神
賜予我不敗的心靈

即使環境險惡危急
我未曾退縮或哭號
處於機運的脅迫下
血流滿面也不屈服

超越如此悲憤交集
恐怖陰霾逐步逼近
長年威脅揮之不去
我終究是無所畏懼

縱然窄門險狹無比
儘管嚴懲綿延不盡
我是我命運的主人
我是靈魂的領航者

* * *

第1章 和安德魯‧卡內基第一次會面 047

一輪滿月正從山頂上升起，我從來沒有見過這麼皎潔明亮的月光。當我立定腳步觀賞滿月時，另一個念頭閃進我的意念，那是：

「你一直在教導人們如何掌握恐懼，如何克服人生中各種突發而至的困難。從現在開始，你大可以充滿權威的來談論這個題目，因為你的勇氣和決心，也因為你果斷和毫無所懼的態度，你就快要突破自己的困難處境了。」

這個想法完完全全地改變了我的化學作用，使我提升到一種從來也沒有體驗過的狂喜境界。我的腦子開始清晰了起來，從之前死氣沈沈的狀態中完全解脫，我的理智思考機制也再次運作自如。

有那麼一秒鐘的時間，我甚至暗自慶幸自己過去許多個月以來，曾經陷入如此痛苦不堪的低潮期，這份切身之痛恰巧給我一個大好機會，來驗證我這套多年辛苦研究出來的成功學體系之健全性。

當這個念頭閃進我的腦海時，我突然止住腳步，雙腳併攏，敬禮（我不知道我是對誰敬禮），有幾分鐘的時間，我就這樣直挺挺的立正。一開始，我還覺得自己的舉動有一點愚蠢，但是當我一動也不動站著時，另外一個意念又來到，但是這一次卻是以「命令」的形式出現，就像是對下屬的軍令一樣簡潔有力。

這道命令是：「明天開著你的車到費城（Philadelphia），在那裡你會得到資助，幫你把這一套成功體系出版成書。」

這道命令就是這麼簡短，沒有解釋也沒有說明要怎麼做。但是當我收到這道命令之後，我立刻就回到屋子裡，帶著一種平靜的感

覺上床去睡覺———過去一年多以來我從未有過這樣安寧的睡眠。

隔天早上醒過來後，我立刻下床開始打包衣物，準備出發到費城。我的理智告訴我，我正在準備進行一趟傻瓜之旅。我在費城認識什麼人能幫我籌到高達25,000美元的資本，來出版一套八冊的書呢？我問我自己。

忽然間，答案馬上就閃進我的腦海裡，清楚的不得了，就像是有人發聲說出這些話：「你現在要遵行命令，而不是問問題。整趟旅途中，你的『另我』會全權負責。」

還有另一個問題讓費城之旅顯得荒謬———我沒錢！這個意念才剛剛出現，我的「另我」突然大聲的下出另一道命令：「向你姊夫借50塊錢，他一定會借你。」

這道命令又明確又果斷，我毫不猶豫地執行命令。當我向姊夫開口借錢時，他說：「當然，我會借你50塊錢，但是如果你要去很長一段時間，我看你身上還是帶100塊錢比較好。」我謝謝他，但是我說50塊就足夠了。雖然照理來說50塊是不夠，但是既然「另我」已經明確吩咐我應該借這個數額的金錢，我就只借這麼多。

而且，當我發現姊夫並沒有追問我要去費城做什麼時，我覺得大大的鬆了一口氣。如果他知道前一天晚上，我的腦袋裡發生了什麼事情，他應該會覺得我該去精神病醫院接受治療，而不是毫無頭緒的大老遠跑去費城。

聽從「另我」發號施令

當我離開親戚家時,我的理智告訴我,我是個天大的傻瓜,但是我的「另我」命令我不要去理會這些冷嘲熱諷,要繼續執行指令。

我朝著目的地行駛著,一整夜都沒有休息,隔天清晨終於到達費城。到了之後我的第一個念頭是:先要找一個收費低廉的民宿(boarding house),我估計租一個房間的費用大概是一天1美元左右。

但是我的「另我」開始發號施令了,而且居然命令我到市中心最昂貴的高級飯店裡辦理住房。當我走向櫃檯辦理住房時,口袋裡只剩下40多美元,我覺得自己好像要從事經濟自殺一樣;但更奇怪的是,當我開口要住進客房時,新發現的「另我」給了另一道命令——要求入住套房,那是由好幾個房間組成的超大豪華套房,其房價之高,我口袋裡的錢總共只夠住兩晚——我照辦了!

門房提著我的行李,把停車券交給我。我往電梯走去時,門房對著我不斷的哈腰鞠躬,好像我是威爾斯親王(Prince of Wales)一樣。過去一年多以來,從來沒有人對我表示過這種敬意。就連我暫時借住的那些親戚,不要說表示尊敬了,他們處處讓我覺得自己是個累贅。不過我相信,對他們來說我的確是個沈重的負擔,因為過去一年多以來,我在低潮期中的心理狀態,不管是誰與我接觸,都會覺得我的確是個累贅。

顯然，我的「另我」下定決心，要幫助我完全擺脫前一段時間發展出來的自卑情結。

我給了門房一塊錢小費，心裡忍不住計算著，到週末為止這個套房的帳單總共會是多少。這時我的「另我」又下了命令──要我擺脫所有限制的想法，暫時在舉手投足之間，表現出我的口袋裡的金錢要多少就有多少。

對我來說，這一次的經驗既新鮮又奇異，我從來沒有做過這類打腫臉充胖子的事。

接下來約莫三十分鐘的時間之內，「另我」下達了很多命令，去費城的整趟旅程中，我全都唯命是從。這些指示是以意念的形式出現在我腦海中，這些意念強而有力的程度，和我自己創造出來的意念截然不同。

* * *

希爾表現出富裕的氣勢。我們強烈贊成這個觀點：如果你想要變得富有，你的思考方式就必須富有。不過，處於正確的環境也是很重要的。拿破崙・希爾基金會（Napoleon Hill Foundation）的執行長唐・葛林（Don Green）曾經這樣告訴過我：「你知道『索寶』（Sobel's）嗎？這家手工訂製精品服飾店，是所有柯達（Kodak）高級主管的指定服飾店。我第一次去那裡買西裝時，看到老闆在收銀機後面放了一句標語───『如果你想要成功，衣著就得講究。』」

不過，我們在此敬告讀者，如果你想要模仿希爾先生當年的行徑，請務必適可而止。

＊＊＊

從奇異的來源接收到奇異的「指示」

我收到的指令是這樣開始的：

「你現在完全掌握你的『另我』了。你有權利知道，在你的身體裡面有兩個靈體存在。事實上，世界上每一個人的身體裡都存在著兩個非常相似的靈體。

其中一個靈體的原動力是恐懼，並回應恐懼的刺激；另一個靈體的原動力是信心，並回應信心刺激。過去一年多以來，你一直受到恐懼之靈的頤指氣使，像個奴隸一樣。

前一天晚上，信心之靈獲得你的身體掌控權，現在你的動力來自於這個靈。為了方便起見，你可以姑且把這個信心之靈稱為『另我』。這個靈的特性就是它沒有任何限制、不帶任何恐懼，而且在它的字典裡沒有『不可能』這個詞。

你被引導來到這個奢華的環境，入住到這個高級大飯店裡，因為這是一種斥退恐懼之靈的手段，防止它再重新回來。但這個受恐懼為動力的『實我』（old self）仍然存在，並沒有死亡，只是被推翻了。而且不論你到哪裡去，它總是如影隨形的跟著你，蟄伏著等待時機成熟，再趁機奪回你身體的掌控權。但是它只能用意念這個

工具來掌控你。記得，你的意念之門要緊緊的關著，任何企圖限制你的念頭都要即時阻擋下來，這樣你才能確保安全。

不要允許你的意念去操心這筆飯店費用，在你必須要付清款項之前，這些錢自然而然會來臨。

現在我們言歸正傳。首先，你必須知道，信心之靈現在掌握你的身體，但是它並不能行奇蹟，也不能違反任何自然法則。只要你的身體受到信心之靈的掌控，在你向它請求時，它就會指引你，藉著把意念放到你的腦海中，幫助你採取最有邏輯和最自然的媒介實現計劃。

最重要的是，你一定要弄清楚這個道理——你的『另我』絕對不會代替你做你的工作，它只會明智的指引你達成渴望的目標。」

***

你要被信心指引？還是要允許恐懼操控你？

***

「你的『另我』會幫助你把計畫轉換成事實。除此之外，你也必須了解它工作的方式——從你最主要、最顯著的渴望開始著手。目前，你最主要的渴望——你來到費城的原因——就是把你畢生研究的心血，「導致成功和失敗的法則」出版成書。你預估總共需要25,000美元的資金。

在你認識的人之中，有一個人會提供你這些資金。從現在馬上

開始,在你的腦海中開始想人名,只要你想得出理由,認為這個人有可能被說服來幫助你籌措需要的出版資金,就提出他的名字。

當你想到正確人選的名字時,你會立刻就辨認出來。去和這個人聯絡,然後你就會得到需要的幫助。當你和他聯繫時,在提出要求時,你的言談舉止要合乎一般正常商業模式。絕對不可以提到你和『另我』之間的交流。如果你違背這些指示,就會遇到暫時性的挫敗。

你的『另我』會繼續全權負責,只要你信賴它,它就會持續的指引你。排除你意念中任何懷疑、恐懼或憂慮的念頭,和所有的限制。

目前,這些就足夠了。從現在開始,好好運用你的自由意志,就像你前晚發現『另我』時那樣。你的身體跟以前並無兩樣,因此沒有人會發現你有什麼不一樣的改變。」

我在房間裡環顧四周,眨了眨眼,確定自己不是在做夢。然後,我站了起來,走到一面鏡子前,認真的端詳自己。幾天之前我的表情充滿了懷疑,現在我的臉上則寫滿了勇氣和信心。

在我心中已經沒有絲毫疑問,現在我的身體掌握著一股新的力量,當我在西維吉尼亞州的一座校舍外散步時,則是被一種感覺完全不同的靈所操控;兩天前那個靈已經被趕走了。

* * *

當我在編輯作者原稿時,我選擇他人生中最重要的轉捩點,

作為第一章的結束。在你的人生中，是否也經歷過像作者上述一樣的轉變呢？如果用宗教的字眼來說，我們或許能稱之為「歸信」或「皈依」的經驗。有些人也許會稱之為「覺醒」或是「被點醒」，另一種激烈的說法則是「一巴掌打醒夢中人」！

＊＊＊

2

揭開全新的序幕

outwitting the devil

　　顯然，我宛如重生一樣，此時此刻任何形式的恐懼都侵犯不了我。現在我的信心強到破表，這是我從沒有過的經驗。對於我所需要的這一大筆資金——雖然還沒顯示給我看資金籌措的來源，我也不知道確切要如何取得這筆金額——我卻有著無比堅定的信心，相信這筆錢一定會來到，我甚至可以預見這筆錢已經握在手中。

　　我這一生中只有幾次曾有過這種超強信心的經驗。這種感覺筆墨言語難以形容，至少，在英文裡是沒有合適的字眼能夠貼切描寫這種意境的——只有曾經有過類似經歷的人，才能感同身受。

　　我立刻開始執行所收到的指示，之前我懷疑自己會徒勞無功的感覺已經消失無蹤。接下來我開始在心中點名，一個一個想著有哪些認識的人能夠提供我25,000美元的出版資金。我第一個想到的就是亨利・福特。想著想著，不知不覺我的名單上已經超過了三百個人，但是我的「另我」只是說：「繼續找。」

黎明前的黑暗

但是我已經無計可施,所有的名字都已經想遍,我的體力也已經耗盡。過去兩天兩夜之間,我一直在工作,一直全神貫注的在想名單上的人名,中間只停下來小睡了幾個小時。

我往後靠到椅背上,閉上眼睛,然後有幾分鐘的時間,我打了瞌睡。突然之間,房間裡像是有一股爆炸聲,我冷不防地跳了起來。等我清醒過來時,艾伯特‧裴頓(Albert L. Pelton)這個名字進到我的腦海裡,而且還附帶一個計畫,我立刻知道該怎麼做就能成功說服他出版我的書。我對於裴頓先生的印象不深,只記得他是我先前創辦《黃金法則》雜誌的廣告客戶。

* * *

希爾的潛意識找出一個名字,但只記得這個人曾經在自己辦的雜誌刊登過廣告,一個潛在資金來源。每個認識你的人你都會有某些印象,你認識的每個人也留下某些印象。你永遠不知道哪個點頭之交,有朝一日會變成你商業上的夥伴。你的人際網絡有著非常強大的力量。

* * *

我派人找來一台打字機,寫了一封信給身在康乃迪克州美麗登市(Meriden, Connecticut)的裴頓先生,在信中表明我的計畫,也就

是剛才竄進我心中的計畫。他回了一封電報給我，告訴我隔天會在費城和我碰面。

隔天他來的時候，我把整套體系的原始手稿給他看，並且簡單的解釋這套系統的使命。他翻了翻手稿，之後突然停了下來，眼睛直楞楞的盯著牆上看，然後對我說：「我會替你出版這一套書。」

我們當下就立了一個合約，他當場支付給我一筆可觀的版稅預付款，而我則將原始手稿交給他，之後他回去了美麗登市。

當時我沒有問他，是什麼原因讓他連手稿都還沒有讀就決定要出版。但是我知道他的確提供足夠的資金，幫我把書印刷好，並且協助我賣掉幾千套的書給他自己的客戶，這些客戶都是書商，散落在全世界幾乎每一個英語系國家之中。

我的「另我」說到做到

從我和裴頓先生在費城見面的那一天算起，整整三個月之後，整套印刷精美的書好端端的放在我的書桌上，而且銷售金額開始上升，足以支持我的生活所需。這些書現在賣到世界各地，到了我許多學生的手中。

我第一張版稅收入支票的金額是850美金。當我打開支票的信封時，我的「另我」說：「你唯一的限制，是你在自己的意念中設定的！」

＊＊＊

「你唯一的限制,是你在自己的意念中設定的!」

這句話說得太妙了,你是不是也有同感呢?有時候,我是自己最大的敵人,因為缺乏自信,處處限制自己。希爾要我們每個人都發現自己的「另我」,才能激發出我們最大的潛能。

＊＊＊

我不太確定自己了解這個「另我」到底是什麼,但是我確定只要世間男男女女都去發掘並且仰賴這份力量,就沒有什麼永久性的失敗可言了。

在裴頓先生來費城和我見面的隔天,我的「另我」提出一個想法,幫助我解決眼前的財務問題。以下這個想法閃進我的腦海中:汽車製造業會經歷一場相當大的結構性改變,因此未來的汽車銷售員必須要學會如何賣掉新車,而不僅僅是收購中古二手車——當時大部分的汽車買賣以二手車為主,業界一般銷售重點並不是放在新車上。

我又想到,剛剛跨出校門的社會新鮮人,因為涉足汽車銷售業界不深,還沒有沾染上各式「花招」,因此最適合來做這種全新的銷售訓練。

這個想法非常鮮明也非常動人,事不宜遲,我立刻打了個長途電話到通用汽車公司,向業務部經理簡短說明了我的計畫。他也覺得我的想法非常吸引人,因此把我介紹給別克汽車(Buick

Automobile）的西費城分公司。厄爾‧包爾（Earl Powell）是當時這個分公司的負責人兼經理。我去見包爾先生，把我的計畫解釋給他聽，他當場就與我簽約，由我來訓練十五位剛從大學畢業的新進業務人員，於是整個計畫就付諸實現了。

接下來的三個月，這份培訓工作的酬勞遠遠超過了幾個月的所有支出；直到我的書的版稅收入開始進帳為止，我的生活一切無虞，就連我之前非常擔憂的飯店套房費用，也都能如期支付。

我的「另我」沒有讓我失望，我所需要的錢總是在恰當的時機到手，就像是它之前向我保證的。到此為止，我已經完全信服，這趟費城之旅絕對不是徒勞無功的傻瓜之旅——我的理智在離開西維吉尼亞州之前曾經提出這樣的警告。

從那一刻開始一直到現在，我只要需要什麼，真的都會解決；而反觀整個世界，才剛剛經歷過一場經濟大恐慌，並不是每一個人最基本的生活所需都能被滿足。有的時候，我所需要的物資可能比預期的晚一點點來到，但是我可以說句真心話，每一次我在十字路口徘徊不定時，只要尋求「另我」的幫助，它都會指引我應該朝著哪一條路走。

「另我」不依照慣例行事、不承認任何限制，而且百發百中，總是能找到方法達成渴望的目標！有的時候它會遇到暫時性的挫敗，但從來沒有遭到永久性的失敗。我百分之百保證這句話的真實性，這句話字字屬實。

＊＊＊

「另我」也許會受到「暫時性的挫敗，但從來沒有遭受永久性的失敗。」我們曾經有多少次允許自己被暫時性的挫敗給絆倒，以為自己遭受了永久性的失敗，不記取教訓，也不再爬起來，不繼續堅持下去？如同希爾所說，在他人生的旅程中也是一波三折，但是每一次的挫敗經驗，都留下更大價值的種子，引領他走向更大的成就。

＊＊＊

此時此刻，如果你因為大環境不景氣和其他負面因素而深受打擊，我誠摯的希望你也能從自己的內在發現這個神奇的信心之靈，也就是我所謂的「另我」。一旦你發掘了這股力量，就能像我一樣，被引導到一股強大的力量來源，助你一臂之力，去克服重重的障礙，戰勝百般的困難，而不是反過來被這些障礙弄得手足無措。在你的「另我」之中，蘊含著強大的力量！如果你真心誠意的尋找，一定會找到它。

＊＊＊

希爾的著作是在經濟大蕭條的年代出版的，有數以千萬的人因此受惠，帶給他們希望和勇氣，繼續抱持著信心生活下去，終究找到他們自己的成功之路。我相信希爾當時的年代和今天有許多相似之處：不經一番寒徹骨，哪得梅花撲鼻香？人們往往在歷經重大危

機時,才會發掘自己的意志力和內在力量。目前整個世界面臨經濟方面的不確定性,人們在選擇——或被迫選擇——去尋找新的出路來養活自己和家人,有很多人會找到新的契機和成功。不出幾年,我們就會讀到這些偉大的發跡故事。將來你也會是成功故事中的主角嗎?還是只當個袖手旁觀的路人呢?

* * *

「失敗」:塞翁失馬,焉知非福

在我初體驗到「另我」的威力之後,我又有了新發現——每一個合理的問題背後都有一個解決方法,不論問題本身的困難度有多高。

* * *

「每一個合理的問題背後都有一個解決方法。」

當你正在跟問題搏鬥時,這個概念可能很難接受;但是等事過境遷之後再來回顧,通常都能證明這句話是對的。

* * *

我同時又有另一個新發現:每一個暫時性挫敗的經驗,每一次的失敗和每一種形式的反對力量,都會帶來同等的益處。

我在此要特別聲明,我並沒有說成功的果實,而是能讓成功發芽成長的種子。這一條準則,沒有例外。雖然有時你看不出來失敗

帶來什麼樣的成功種子,但是我可以保證它一定存在,只是形式的問題。

我不敢說自己已經完全理解這股奇特的力量,它將我帶到貧窮和卑賤境界、讓我充滿恐懼,然後又給我重生的信心,藉由這股信心,我很榮幸的能幫助千千萬萬人從跌倒中再站起來。但是我很肯定的是,這股力量真的進到我的人生,而且我盡可能的在幫助其他人與這股無窮的力量溝通。

在我長達四分之一世紀的研究中,在分析成功和失敗的因素時,我發現很多真實的準則,不僅能幫助我自己也能幫助其他人。但是在所有的準則當中,最讓我心服口服的就是這一條:歷史上每一位偉大的領導者,在我仔細研究他們的經歷後,發現他們每一個人在「成功」之前都歷經千辛萬苦,克服了困難和挫敗。

* * *

「歷史上每一位偉大的領導者,在我仔細研究他們的經歷後,發現他們每一個人在成功之前都是歷經千辛萬苦,克服了困難和挫敗。」

失敗和暫時性的挫敗,是成功之道上必經之處。

* * *

從耶穌到愛迪生,那些遭遇到最高難度挫敗的人,往往也是最成功的人。從這一點我們可以導出這個結論:無窮智慧(Infinite

Intelligence）自有其計畫和定律，人們必須跨越許多障礙後，才會得到領導的權力，或是為人類做出值得表揚的服務之大好機會。

1923年，那個命中註定的聖誕夜，我這輩子再也不希望重新體驗一次。那一天晚上，我在西維吉尼亞州繞著小學校舍走，邊走邊和自己的恐懼奮戰；但是話說回來，這些經驗帶給我的寶貴知識，就算用全世界的金銀財寶，我也不換！

信心有著全新的意義

我再重複一次，我並不知道「另我」到底是什麼，但是根據我對它的了解，我知道當遇上考驗時，當理智思考不足以應付難題時要用完全的信心來依賴它。

1929年開始的經濟大蕭條，雖然讓數千萬人突然陷入悲慘之中，但是我們也不要忘了，這份經驗也帶來很多祝福，其中最寶貴的教訓之一就是：被迫工作絕對不是最壞的狀況，被迫不能工作才是最糟的。整體來說，那一次的經濟大蕭條利多於弊，非但不是個詛咒，而且是個大好的祝福。如果你用「轉機」的角度來分析，就會發現經濟大蕭條改變了許多人的心態，特別是那些受創的人。每一種改變人類習慣的經驗，強迫人們轉向自己的內在偉大力量去尋找解答的經驗，也都是祝福。

＊＊＊

「被迫工作絕對不是最壞的狀況，被迫不能工作才是最糟的。整體來說，那一次的經濟大蕭條利多於弊，非但不是個詛咒，而且是個大好的祝福。如果你用『轉機』的角度來分析。」

你覺得希爾只是言詞鋒利，還是他超越了經濟災難的因果關係，純粹探討真實危機所帶來的靈性結果？我們目前所遭遇到的經濟陣痛期是否是福不是禍？經濟問題，如失業等，有沒有可能是塞翁失馬？如果失業喚醒了創業精神，一個新的企業因此誕生，那就是福了。

＊＊＊

我在西維吉尼亞與世隔絕的日子，很可能是我這一生中受過最嚴重的懲罰，但是這份經驗卻也帶來了一種特殊形式的祝福——必要的知識，到頭來這份知識抵消了我所受的痛苦折磨。這兩種結果：折磨和學得的知識，都是無法避免的。愛默生（Emerson）曾經明白的解釋過補償法則（law of compensation），使這兩種結果顯得既自然又必要。

＊＊＊

拉爾夫·沃爾多·愛默生（Ralph Waldo Emerson, 1803-1882）曾經用非常清楚的字句來解釋補償法則：「你每失去一件事物，就會得到另一件事物；你每得到一件事物，就會失去另一件事物。」

在他1826年1月8日的日記中,曾這樣寫道:「我們所知道的一切,就是整個補償系統。每一種缺陷都由另一種方式彌補其不足。每一種痛苦都得到回報,每一種犧牲都得到報酬,每一筆債都得償還。」

＊＊＊

未來我的人生中會經由暫時性挫敗帶來什麼樣的失望,我當然無從得知。不過,我很清楚未來不會有任何的經驗,能夠像過去某些事情一樣讓我深受重創,因為現在我至少能和自己的「另我」溝通。

自從這個「另我」掌握我之後,我得到的這些有利知識,絕對不是以前恐懼之靈掌權時所能發現的。就從我學到的一項道理來說吧,我發現當人們遭遇到難以克服的困難時,如果能暫時忘記自己的煩惱,伸出援手去幫助那些遭遇更大難題的人,往後就能用最好的方式來克服自己的問題。

「先付出再接受」的重要性

當我們伸出援手去幫助那些不幸的人,我很確定沒有任何的努力會白費,或得不到某種形式的適當回饋。這些回饋不見得是直接從對方得到,但自然會有其他的來源。

如果一個人沈溺在貪念和貪婪、嫉妒和恐懼之中,我非常懷

疑這種人能夠從自己的「另我」受惠。如果我的結論有錯，至少我從這個偏頗的觀點中，得到實在的安心感和快樂。如果要我選擇的話，我寧願是錯的但是得到快樂，也不要是對的而不快樂。況且這個觀點一點也沒錯！

只要我和自己的「另我」保持良好關係，不論我需要任何物質，都能得到。此外，我又能得到快樂和安心感。人生如此，夫復何求？

我寫這本書的唯一動機，就是一份真誠的渴望，想要透過分享我的經驗，幫助其他人儘量做好準備來接受鉅額的財富。因為從我發現「另我」那一刻開始，我就得到這筆偉大的財富；而且這種財富絕非僅只是物質或財務上的富有，其價值遠遠超乎世界上所有金銀財寶。

物質和財務的富有，如果簡化為流動資產，就能用銀行存款來衡量。不過存款再怎麼多，也多不過銀行。我提到的另外一種財富也有衡量標準，除了安心感和滿足感之外，在那些時常禱告的人身上，這種財富顯露無疑。

我的「另我」教導我，禱告時要專注在目標上，忘掉自己立下的計畫。請注意，我的意思並不是說不需要做任何計畫，就能達成物質目標；我的意思是，將人類意念或渴望轉化為現實的力量，來源係取自於無窮智慧，比起做禱告的人，他們更懂計畫。

換句話說，禱告的時候如果能信任宇宙意念，讓它交出最符合達成目標的計畫，就是更明智的作法。就我本身關於祈禱的經驗

使我明白，大多數禱告的結果就是一項計畫（如果禱告已經被回答了）。達成禱告目標的計畫可能是透過自然或是物質的媒介作用，但是必須經過努力和行動，這個計畫才會轉化成功。

而且據我所知，當一個人的意念受到恐懼的汙染時，即使只有一丁點，禱告也帶不出有利的結果。

＊＊＊

禱告也是你生活的一部分嗎？你是否信任當神聽到你的祈禱後，將「交出最符合達成目標的計畫」？你是否意識到你的計畫如果要成功，你必須採取行動？

＊＊＊

全新的禱告方式

自從更認識我的「另我」之後，我祈禱的方式和以前完全不一樣。以前我總是在遇到難題時才去禱告，現在我早在遭遇難題前就先去祈禱，如果可能的話。我現在不再為了世界大同，或是為了得到更大的祝福而祈禱，但是我祈求自己配得起目前已經有的祝福。我發現這種新的計畫比舊的好。

當我表達感謝，並感激努力之後得到的收穫，無窮智慧似乎一點也不以為忤。當我第一次試著為了已經得到的祝福而做出感謝祈禱時，我很吃驚的發現自己已經擁有了巨大的財富，卻並不懂的珍

惜。

比如說,我發現自己擁有健全的身體,未曾因疾病而受到嚴重損害。我擁有一個相當平衡的心智。我有著充滿創意的想像力,能藉此為廣大的人群提供服務。我有著身心雙方面令人嚮往的各種自由。我心中長存著助人的渴望,想幫助比較不幸的人。

我發現人類最高的目標——快樂,完全操之在我,不管有沒有經濟大蕭條。

最後且最重要的是,我發現自己擁有接近無窮智慧的特權,除了感謝我已經擁有的之外,還能向它要求更多,並得到指引。

本書的各位讀者們,如果能將自己抽象的資產列出一份清單,就會得到很大的助益。此份清單會顯示出你個人無價的資產。

* * *

我們應該把人生中得到的祝福好好清點一次,並且為了我們得到的祝福而表達感謝。我知道當我處在人生的低潮時,我會強迫自己去想著家人和朋友,還有他們帶給我的祝福。這是步出低潮最快速的方法,並且把我暫時性的挫敗化為助力。

* * *

常被忽略的徵兆

整個世界正經歷著如此巨大的改變,千千萬萬的人整天因為憂

慮、懷疑、優柔寡斷和恐懼而驚駭莫名！所有那些站在懷疑的十字路口的人，我認為現在就是努力認識他們的「另我」之最佳時機。

想要達成這個目標的人，會發現從大自然學習是最有效的方式。觀察後就會發現，永恆的星星每個晚上都在它們既定的位置上綻放光明，太陽繼續發出溫暖的光芒，引導大地生產出豐饒的食物和衣物；水還是往低處流，空中的飛鳥和森林中的野獸也獲得充足的食物。忙碌的白天後接著是安息的夜晚，萬物滋生的夏天後有著一片死寂的冬日，四季還是規律的運行。1929年的經濟大蕭條，完全沒有影響到自然的韻律，只有人類的意念停止正常運作，原因是人人心中充滿了恐懼。如果你想要用信心來取代恐懼，就每天去觀察生活中這些簡單的事實，當成培養信心的起點。

我並不是先知，但是我虛懷若谷的預測，每一個人都有力量去改變自己的物質或財務狀況，但首先要改變的是自己信念的本質。

* * *

「每一個人都有力量去改變自己的物質或財務狀況，但首先要改變的是自己信念的本質。」

1937年發行《思考致富》之後，拿破崙・希爾緊接著就寫下《與魔鬼對話》的手稿。透過訪問魔鬼，他發現並揭露魔鬼如何將你「玩弄於股掌中」，以及你可以喚醒自己的「另我」。「另我」除了能幫你戰勝魔鬼之外，還能增強「另我」的威力，幫助你達到最偉大的成就！在整本書中，一直不斷強調把意念中的恐懼轉化為

信心的重要性。

* * *

不要把「信心」和「希望」混為一談，這兩者是不一樣的。每個人都「希望」自己在財務、物質或靈性方面更上層樓，但是信心是確實存在的力量，這股力量能將希望轉化為信念，將信念轉化成現實。

此時我要提醒大家正面思考的益處，任何人只要特意運用信心，將注意力集中在任何形式的正面渴望，就會成為受益良多的經驗。意念會根據一個人心中最主要、最明顯的渴望加以運作，沒有任何例外，這是不爭的事實。「注意放進心中的意念，當心願望一定成真。」（譯註：美國作家詹姆斯‧鮑德溫（James Baldwin）之名言）

「信心」是所有偉大成就的開端

如果愛迪生當初停止實驗，光是希望發現駕馭電力的祕密，那麼把電力用在白熱燈泡上，這項人類文明中如此便利的發明，就會和其他眾多奧祕一樣不為人知。在從大自然中破解這個祕密之前，他遇到超過一萬次的暫時性挫敗。最後大自然終於吐露真相，因為他相信真相總會大白，所以他不斷的嘗試直到獲得答案。

愛迪生破解了物理學界中大自然裡的奧祕（在早年幾乎算是

「奇蹟」），在數量上超過世界上任何人，這是因為他認識了自己的「另我」。我手中握有他親口說的話為證，而且就算我沒有這份證據，他的成就歷程本身就足以洩漏這個祕密。

一個人認識和仰賴自己的「另我」時，在合理的範圍之內，沒有什麼事情是不可能的。人只要相信，事情就有辦法成真。

禱告是一個外放的意念，有的時候是出聲的，有的時候是靜默的。我從經驗中得知，靜默的祈禱和出聲的祈禱效力相當。我發現一個人的心態，是祈禱有效或無效的關鍵。

我所謂「另我」的概念，是一種象徵與無窮智慧接軌的新方法，這種方法的運作過程非常簡單，人類只要自行控制和引導信心混入想法之中即可。也就是說，我現在對於禱告的力量，有著更大的信心。

所謂信心這種心態，顯然會打開第六感的大門。藉由第六感，人類能和遠超過五官之外的力量以及訊息來源相互溝通；這股力量會幫助你，達成你的要求。當第六感越來越發達時，一股奇特的力量好像是守護天使一樣，隨時替你敞開智慧殿堂（Temple of Wisdom）的大門。在我的經驗中，「第六感」和奇蹟非常相似，也許對我來說這兩者非常接近，因為我不了解這種法則運作的方式。

不過我的確知道——有一種力量、一種原因或是一種智慧，穿透過物質世界中的每一個原子，並且環繞著人類所知的每種能量單位。這種無窮智慧將橡實轉為橡樹，使水往低處流來遵守地心引力法則，讓黑夜緊隨白晝，冬天跟在夏天之後，全都留在自己的位

置,和其他的一切保持一定的關係。這股智慧幫助人們把渴望轉化成實質或物質的形式。我擁有這項知識,因為我親身做實驗,並且親身體驗過。

我有個多年的習慣:每一年都要做一次個人清單,目的在確定自己有多少弱點已經被補強或消除,查明自己在一年當中有多少長進。

* * *

有關信心的這一段落,值得一讀再讀,因為這是希爾對於祈禱的核心教導。在他的眼中,信心是一種「第六感」或是靈性的力量,只要人相信萬物的起源——神,那麼這份力量就會助人成功。他的信心論是一種實際亦是「科學」的論點,強調實質的結果。

在我合著的書《離金三尺》中,我和共同作者討論個人成功的公式,其中清楚的顯示信心的重要性:

〔(熱情+才能)× 同儕 × 行動〕+ 信心 = 個人成功公式

〔(P+T)× A × A〕+ f = Your Personal Success Equation

把你的熱情融合你的專長,然後尋求正確的夥伴,採取正確的行動,這些都是成功的重要條件……但是只有當你在這些條件中,融入對自己和對使命的強大自信心,你才真正擁有個人成功公式。

* * *

3

與魔鬼的奇異對話

outwitting the devil

當你讀著《與魔鬼對話》時，會想起前兩章裡我人生的簡史，在我得到社會大眾的認可之前，魔鬼是如何處心積慮的想要堵住我的嘴。在讀完本書的對話之後，你也會明白為什麼先要用我個人的歷史當作對話的基礎。

在你開始讀對話內容之前，我希望你腦中有個清晰的畫面，知道魔鬼最後一次如何使勁全力地攻擊我。請記得這最後一次的攻擊帶來了什麼好處——給慈悲一個機會，抓住魔鬼的尾巴，使勁的扭轉，直到它招供出自己的祕密。

魔鬼的垮台，從1929年的經濟大蕭條開始。在人生巨輪轉動之下，我失去了紐約州凱司吉爾山麓（Catskill Mountains）間佔地六百英畝的大豪宅、失去了所有的收入來源，當時畢生的積蓄都存在哈里曼國家銀行（Harriman National Bank），沒料到銀行竟突然宣布倒閉。這一切都發生的很快，在我來不及想出對策之前，我發現自己身處在靈性和經濟的風暴中，全世界都陷入一股大災難裡，這股力

量大到沒有個人或團體可以倖免於難。

我一邊等待風暴停止，等待人群集體的恐慌退去，一邊搬到華盛頓特區（Washington D.C.），將近四分之一個世紀之前，在我和安德魯・卡內基會面之後，我開始在這個城市扎下根基。

此時我除了枯坐著等待之外，似乎沒有其他的事情可做。我手上什麼都沒有，只有大把的時間。在整整等待了三年而毫無斬獲之後，我不安定的靈魂開始催促我回去重操舊業。

但是當整個世界都沈浸在淒慘的失敗之下，我能教授成功學的機會可說是少之又少，因為人們的意念中滿是對貧窮的恐懼。

有一天傍晚，當我坐在車裡，在波多馬克河畔（Potomac River）的林肯紀念館（Lincoln Memorial）前方，國會大廈（Capitol）的陰影正好籠罩在我的車上，這時有個念頭竄入：整個世界面臨了前所未見的大蕭條，完全超乎任何人的控制。這場經濟風暴正好給我一個機會，來測試自己的體系是否健全。從我18歲成年之後，絕大部分的人生都花在組織這套體系上。現在我又再一次有機會去驗證我的體系是否實用，或者只是紙上談兵。

「每次失敗都蘊藏著同等優勢的種子。」這句口號我教了幾百次了，我發現測試這句話的大好時機來了。我問自己，在一場全球性的經濟衰退中，我能得到什麼優勢呢？

當我開始尋找一個方向，來測試這套體系的健全性時，我發現了人生中最驚人的怪事。我察覺有一股我不了解的奇怪力量，讓我失去了勇氣，我的進取心也一敗塗地，我的一片熱忱所剩無幾。最

糟的是，我羞愧的不敢承認自己是一套成功學的作者，因為在我的內心深處知道，自己已陷入了絕望的深淵，這套體系也無法救我出來。

當我和內心的謎團掙扎不休時，魔鬼一定喜孜孜的在旁邊跳舞慶祝。它終於把「世界上第一套成功體系的作者」壓在它的大拇指下，被優柔寡斷弄得癱瘓。

但是魔鬼的敵人一定也在工作！

當我坐在林肯紀念堂前回顧往事，思考著過去也有幾次經驗把我推向成功的高點，但也讓我跌入同等深度的絕望中。就在此時，有個快樂的意念交給我一個清晰的行動計畫，藉著這個計畫我相信我能甩開那種催眠似的冷淡感覺，我覺得整個人彷彿被纏住了一樣。

在與魔鬼的對話中，對於這種奪去我的進取心和勇氣的力量，會詳加描述其本質。在經濟大蕭條時綁住了其他千千萬萬人的，也是同樣一股力量。這就是魔鬼用來誘捕和控制人類的最主要武器。

總結來說，那個進入我腦海的意念是：雖然我已經從安德魯‧卡內基、五百位企業家和其他在各行各業中功成名就的專業人士身上，學到智庫（Master Mind）的運用法則（在數個成員之間，以和諧的態度整合，共同達成明確的目標），但是我卻沒有為了達成「把個人成功體系推動到全世界」的目標，來組成自己的智庫。

即使我已經了解智庫的力量，卻忽略了運用這股力量。我一直像是一匹孤狼般的單打獨鬥，而沒有聯合其他高等心智，一同並肩

作戰。

＊＊＊

　　和魔鬼的對話很可能就是希爾坐在林肯紀念堂之前時發生的。但這是真的嗎？對於希爾來說是真的，而且這個事件促使他人生的哲學架構誕生，也促使他把這些啟示分享給我們這些學生。重複希爾先前的話，他發現「歷史上每一位偉大的領導者，在我仔細研究他們的經歷時，發現他們每一個人在成功之前都是歷經千辛萬苦，克服了困難和挫敗。」希爾也在著作中詳細描述了這些偉大領袖們身邊總是圍繞著智庫團隊。他們征服了內心的反對勢力，並運用智庫的力量向成功邁進。想一想，你是否也能組成一個智庫團隊──來幫助你克服反對的力量，向成功邁進。

＊＊＊

分析

　　現在讓我們簡短的分析將要揭曉的奇異對話。有些人在讀了之後會問：「你真的和魔鬼面對面對話嗎？或對話的對象純屬虛構？」有些人希望先知道這個問題的答案，然後才開始讀。

　　以下是我的回答，我用最真實的方法來答覆這個問題：我對話的對象很可能是真的，就像它自己親口說的，但也可能是我自己想像力下的產物。不論是真的還是想像的，都不是重點，也絲毫無損

對話中資訊的真實性和本質。

　　重點是：這些對話中傳達的訊息可不可靠？是否能幫助人們在世界上找到自己的立足點？如果對話成功的傳達了這類訊息，那麼不論其中的角色是真實或虛構，都值得讀者細細閱讀，並審慎分析。我本身一點都不擔心這些資訊的真正來源，也不在乎即將揭曉的對話中，魔鬼真正的本質到底是什麼。我唯一的考量點是，這個魔鬼招供出來的事情，和我自己對人生的觀察結果的確不謀而合。

　　我相信這些對話確實傳達了實用的資訊，人生不順遂的讀者必定能從中得到益處。我深信這本書能達到這個效果，因為書中的核心議題滿足我所有需要的快樂，並以最適合我的形式出現。

　　魔鬼口中吐露的各種法則，我都曾經親身經歷過，因此我確認這些法則的可靠性。對我來說，這就足夠了。以下我將把整個訪談的故事內容告訴你，由你來決定這個故事能為你帶來什麼樣的效益。

　　如果你相信並接受這個魔鬼的身分，信賴它的訊息，並從中篩選出對你有益的部分，就請別擔心它到底是誰，或它是否真的存在，如此一來本書才能帶給你最偉大的價值。

　　如果你要我講真心話，我相信這個魔鬼是如假包換。現在我們就開始分析這個奇特的對話吧！

　　地球人先生（Mr. Earthbound）強行進入魔鬼的意念中，儘管魔鬼百般不願意，但是每一個問題他都得老實回答，一概不得規避。

＊＊＊

希爾（就是地球人先生）訊問魔鬼的語氣，好像是在法庭中審問犯人；而且不知道為什麼，魔鬼有義務答覆完整且正確的答案。他是怎麼辦到的？也許希爾強迫魔鬼招供的方法，就是組成智庫，也許是聯合他的太太。「在數個成員之間，以和諧的態度整合，共同達成明確的目標」，發揮神的力量——「無窮智慧的偉大寶庫中，收藏著現今所有的、過去所有的，和未來將有的一切（智慧）。」也許希爾在成為一位思想家、完全控制自己的意念並掌握所有的恐懼之後，就贏得了魔鬼正確回答的特權。正因為他掌握和控制所有的恐懼，才能要求魔鬼給予真實和精確的答案。無論如何，希爾強迫魔鬼洩露他的詭計和花招，好讓我們學會反制這些伎倆，在人生的大道上別掉入陷阱中。

＊＊＊

開始與魔鬼對話

Q：我已經破解你的意念密碼。我來的目的是要問你一些很實在的問題，我要求你給我直接且真實的回答。魔鬼先生，你準備好開始回答了嗎？

A：是的，我準備好了，但是你必須用更尊敬的態度和我對話。在整個對話中，你必須尊稱我為「陛下」。

Q：你有什麼權利要求這樣的尊稱？

A：你應該知道在你的世界中，有百分之九十八的人口受我控制。這不就給我貴族般的權利嗎？

＊＊＊

當我第一次讀這些對話時，看到魔鬼想要被尊稱為「陛下」，我的感受非常強烈。後來我明白希爾大概是故意挑起讀者這樣的反應……所以我繼續往下讀。當然，光從字面上來看，很難判斷希爾這樣稱呼魔鬼時，在語氣上是否帶有嘲弄或諷刺的意味。

＊＊＊

Q：你的聲明是否有根據？

A：是的，非常多。

Q：你的根據是什麼？

A：很多事情。如果你要得到答案，就必須稱我為「陛下」。有些事情你會了解，有些事情你不會了解。為了幫你從我的觀點來看，我就來自我介紹一下，順便釐清人類對我和我居住地的錯誤觀念。

Q：好主意，陛下。先告訴我你住在哪裡，然後再描述一下你的身體外貌特徵。

A：我的身體外貌特徵？拜託，親愛的地球人先生，我根本沒有身體！如果我有像你們這些地球生物一樣累贅的身體，那我怎麼能行動自如呢？我的組成成分是負面能量，我居

住的地方就是怕我的人之意念中。所有物質中的每個原子，我都佔有一半的位置；所有精神和物質能量中，我也佔有一半。也許我把自己稱為原子中的負面部分，你會比較明白我的真正本質。

Q：喔！我知道你想說什麼。你正在給自己打地基，想說如果沒有你的話，就沒有世界、沒有恆星、沒有電子、沒有原子、沒有人類，什麼都沒有。我說得對嗎？

A：對。完全正確！

Q：可是如果你只佔了能量和物質的一半，那另一半是被誰佔去了呢？

A：另一半是我的反對力量佔去了。

Q：反對力量？你這是什麼意思？

A：我的反對力量就是你們地球人口中的神。

Q：所以你和神平分整個宇宙。這是你的聲明嗎？

A：不是我的聲明，是具體事實。在我們對話結束以前，你會發現我說的都是真的。你也會了解為什麼這一定是真的，否則就不會有你們這種世界的存在，沒有像你一樣的地球人存在。我不是有著分叉舌頭和箭尾的怪獸。

Q：每一百個人之中有九十八個人受你控制，這是你自己說的。在這百分之九十八被魔鬼控制的世界中，是誰造成了這一切悲慘呢？如果不是你的話。

A：我可沒有否認是我造成世界悲慘的；相反地，我非常引以

為傲。所有事物中的負面影響都是我的事工，其中包括了你們地球人的意念，否則我還有什麼方法能控制人類呢？我的敵人掌控正面思考，我則控制負面思考。

Q：你怎麼控制人類的意念呢？

A：喔，簡單得很。只要人類大腦中有閒置不用的空間，我就搬進去佔有那個空間。我在人類意念中撒下負面的種子，然後我就能佔有和控制那個空間。

Q：你一定有很多招數和工具，專門用來掌握人類的心智。

A：當然，我使用招數和工具來控制人類的意念。我的工具也非常高明！

Q：請描述你的高明招數，陛下。

A：控制人類意念最高明的工具之一就是恐懼。我在人類的意念中撒下恐懼的種子，當人們運用這些種子，它們就會漸漸發芽成長，然後我就控制了這些種子佔有的空間。六種最有效的恐懼分別是貧窮、批評、疾病、失去愛、衰老和死亡。

＊＊＊

魔鬼說：「控制人類意念最高明的工具之一就是恐懼……分別是貧窮、批評、疾病、失去愛、衰老和死亡。」

＊＊＊

Q：這六種恐懼中，哪一種是你最常用的呢，陛下？

A：第一個和最後一個——貧窮和死亡。在每個人人生的某個時間點上，我會利用這兩個或其中一個，緊抓著他們不放。我巧妙的把這些恐懼放進人類的意念中，最後他們甚至會相信，這是他們自己思想的產物。我達成了這項成就的手段，就是讓人們相信我只站在通往死後世界的大門口，在那裡等著他們，帶他們去承受永恆的罪罰。其實，我無力懲罰任何人，除非是在那個人的意念中存有某種形式的恐懼——而且，對於不存在之事的恐懼和對存在之事的恐懼，對我來說一樣有效。所有形式的恐懼，都幫助我擴展在人類意念中所佔據的空間。

Q：陛下，你能解釋一下你是如何獲得控制人類的力量嗎？

A：這個故事太長了，不是三言兩語就能交代清楚的。在一百萬年以前，我原本控制著百分之百的人類，但是我的敵人發現了正面思考的力量，放到人類的意念中，從那個時候開始，我就展開了一場保衛戰爭，全力保住對人類的控制。現在我的成績還不錯，只喪失了百分之二的人口，輸給了我的敵人。

Q：所以從你的回答中，我得到這個結論——會思考的人就是你的敵人，對不對？

A：你說得很正確。

Q：請多透露一些你住的那個世界。

A：我愛住哪就住哪,時間和空間對我來說並不存在。對你們來說,我這種力量最好的解釋法就是能量。在這個世界上我最喜歡的居住地,就像我之前說過的,就是在地球人的意念中。每個人的腦容量中都有一部分受我控制,不過每個人的意念中有多少空間被我佔據,端看那個人思考的程度和思考的方式。就像我之前說過的,會思考的人類不受我控制。

Q：你講到你的敵人,那是什麼意思?

A：我的敵人控制世界上所有正面的力量,例如愛、信心、希望和樂觀精神。我的敵人也控制宇宙中所有自然法則的正面力量,就是使地球、行星、恆星在其軌道上平衡運行的力量。但是這些力量和人類意念受我控制之後所散發出來的負面能量相比,簡直是小巫見大巫。所以,我不尋求去控制恆星和行星,我寧願控制人類的意念。

Q：你從哪裡取得力量?你用什麼方法增強這股力量?

A：我增強自己力量的方法,就是當地球人經過死亡之門時,我就奪走他們的意念。每一百個人之中,有九十八個人會從地球回到我的領域中,被我征服,被我奪走念力,用來強化我自己的力量。人在死亡時只要心中存有任何形式的恐懼,我就能得到他們。你看,我一直處心積慮,在人死亡之前準備他們的意念,將來他們就會回到我的領域中,我就能奪走他們。

Q：請告訴我你怎麼準備控制人的意念，以便將來獲得掌握他們之權？

A：當人類還活在世上的時候，我有無數的方法來控制他們的意念。我最厲害的武器就是貧窮。我特別勸阻人類別去累積財富，因為貧窮剝奪人類思考的能力，然後他們就容易被我抓住。我第二好用的朋友就是疾病，一個不健康的身體無法思考。再來，我在世界上有千千萬萬無數的僕人，幫助我獲得人類意念的掌控權。我這些代理人遍佈在各種職業中，他們也代表了各個種族、信仰和宗教。

Q：你在世上最大的敵人是誰，陛下？

A：啟發人類思考和努力上進者都是我的敵人。例如蘇格拉底（Socrates）、孔子、伏爾泰（Voltaire）、愛默生、湯姆士・潘恩（Thomas Paine）和亞伯拉罕・林肯（Abraham Lincoln）。你對我也沒什麼好處。

Q：你把富有的人當成工具，是不是真的？

A：我之前已經說過，貧窮一直都是我的朋友，因為它阻擋獨立思考，鼓勵恐懼深植在人的意念中。有些富人幫了我大忙，有些富人則大大傷害我，端看他們怎麼運用財富。比如說，擁有巨大財富的洛克斐勒，就是我最難搞的敵人之一。

Q：真有趣，陛下，請告訴我為什麼你害怕洛克斐勒的財富，遠勝於其他富人？

A：洛克斐勒的錢在世界各地用來隔離和克服身體的疾病，而疾病一直是我最有效的武器之一。人類對疾病的恐懼僅次於對貧窮的恐懼。洛克斐勒的錢被用來揭露大自然中數百種奧祕，而這些發現特別被設計和用來幫助人類保有他們的意念，以更多更好的新發明來餵飽人們，給他們衣物蔽體，還提供他們遮風避雨的住所。大城市中的貧民窟一一被清除，這些原本是我最愛的盟友之居住地。遊說團體受到資助，要求更好的政府，協助逼退政治中不誠實的力量。企業界也受到幫助，建立更高的標準，鼓勵商人遵照黃金法則來從事生意，這些都是在扯我後腿。

Q：那些被人說成是「去地獄的路上」的年輕男女呢？你也控制他們嗎？

A：這個問題，我只能以簡單的「是」或「不是」來回答。我腐敗年輕的意念，教他們學會喝酒和抽煙，但是如果他們有獨立思考的能力，還是有辦法阻撓我。

* * *

希爾的問題限定在魔鬼的戰區內，時攻時守。他之前的重點放在洛克斐勒的慈善基金，然後緊接著敘述當下的年輕人為什麼在「去地獄的路上」。我相信作者的用意是要刺激我們，在心中同時存著幾個不同的想法，因為他知道魔鬼會故技重施，希望能騙倒我們。在本書中，你會讀到許多其他類似的例子。

＊＊＊

Q：你說你已經用煙、酒來腐化年輕人的心智。我可以理解酒會損害獨立思考的能力,但是不明白香煙怎麼能助你一臂之力。

A：你可能不知道,其實香煙會瓦解人的毅力、破壞耐力,還會減損注意力、麻痺且破壞想像力機制,在許多方面也會阻止人們有效的運用自己的意念。

你知道,我掌握了幾百萬人,不論男女老少,他們每天都得抽上兩包煙。這表示我手上有幾百萬人,正在慢性殺害自己的毅力。

總有一天,除了抽煙之外,我還會給他們加上其他減損思考的壞習慣,假以時日,我就能獲得這些人意念的掌控權。

習慣成雙、成三、成四。任何足以削弱意志力的壞習慣一定會呼朋引伴,找來一大堆親戚,搬進受害者的意念中。抽煙這個壞習慣不僅降低抗壓性、削弱毅力,還會造成其他人際關係的散漫情況。

Q：我從來沒想過,香煙竟然是一種毀滅的工具,陛下,你的解釋的確帶來一種與眾不同的觀點。說說看,已經騙走多少人養成這個習慣?

A：我對自己的紀錄感到非常得意。受害者以百萬為計量單

位,而且這個數字每天都在增加。不久的將來,我會讓全世界都沈迷在這個惡習裡。現今已有成千上萬的家庭都染上了這個習慣,而且家中每一個成員都抽煙,連年幼的小男孩和小女孩都開始染上惡習。他們觀察父母親和其他年長的哥哥姐姐,不知不覺就學會了抽煙。

Q:你認為哪一個是擄獲人類意志最偉大的工具,煙還是酒?

A:連想都不用想,肯定是煙。年輕人只要加入我「一天兩包煙」俱樂部,引誘他染上其他的習慣,如喝酒、過度縱慾等損壞獨立思考和行為的習慣,根本不是問題。

＊＊＊

記得,本書是在1938年寫的,遠在人類發現煙草的成癮性之前。拿破崙‧希爾在香煙這一點和其他許多概念上,遠遠領先醫學和社會學的研究速度。

＊＊＊

Q:陛下,我在剛開始這些對話時,對你所具有的印象完全是錯的。我原本以為你是個騙子加冒牌貨,但是現在我認為你很真實,而且威力強大。

A:我接受你的道歉,但這是多此一舉。世界上數百萬人都質疑我的能力,等到這些人通過死亡之門時,卻幾乎全都落在我的手裡。

我並不稀罕任何人相信我的存在,我寧願人們對我心存恐懼。我才不是個乞丐呢!我想要什麼,就用我的聰明才智和力量去得到。乞求人們相信不是我的風格,那是我的敵人的方法。

Q:陛下,恕我無禮,如果我現在不立刻跟你說一件事,我永遠都對不起自己——你是所有無辜人類之中,最可惡的大魔王。我以前對你的概念全都是錯的,我以為人類活在世上時,你會好心的放他們一馬,只有到死後才會折磨他們的靈魂。但是現在從你厚顏無恥的告白中,我發現你破壞人類思考的自由,導致他們在世上時,就已經像是活在地獄之中。對於這點你有什麼回應?

A:我想要什麼,就運用自我控制來達成。我勸你效法我,而不要批評我。雖然我這樣勸你,對我自己一點好處都沒有。你自稱為思想家,也實在是當之無愧,否則你根本不可能強迫我來進行這次對話。但是除非你能更有效的控制你的情緒,否則你也成不了那種令我害怕的偉大思想家。

Q:我們不談人格特質,我來這裡的用意是要了解你,而不是來談論我自己。請告訴我你總共有多少詭計,用來獲得人類意志的掌控權?你目前最強大的武器是什麼?

A:這個問題很難回答。進入人類意念和控制他們的工具有很多種,到底哪一個才是最強大的,實在很難說。目前我正試著要引發另一場世界大戰。我在華盛頓的朋友正在幫忙

把美國拖入這場戰局中。如果我能讓全世界開始一場大規模的屠殺，我最愛用來作為思想控制的工具就能派上用場。你們把這個工具稱為群眾恐懼（mass fear）。1914年的第一次世界大戰，就是用這個工具挑起的；1929年的經濟大蕭條，也是拜這個工具所賜。要不是我的敵人出賣了我，我早就擄獲世界上每一個男人、女人和小孩。你看看，我差一點就稱霸全球了──這是我過去幾千年來，千辛萬苦努力想達成的目標。

＊＊＊

在此，魔鬼根據他把恐懼的種子散播到全世界這個事實，自稱從雙方面同時煽動戰爭。在我們這個時代，所謂的恐怖主義和人們的反應，也是基於同樣的道理。在希爾的書中，魔鬼把兩次世界大戰都歸類為自己的豐功偉業，連經濟大蕭條也是……，今天的金融風暴無庸置疑的應也可算在他頭上。戰爭和經濟衰退讓人類心中的恐懼生生不息，當然也是魔鬼幹的好事。

＊＊＊

Q：是的，我同意你的觀點，誰會反對呢？你是一位天才操控者，玩弄人類的心智於股掌之間。你這種邪惡的事業只在位高權重的人之間進行嗎？

A：喔，不是，我利用各行各業的人類意念。事實上，我對於

那種不愛思考的人有特殊偏好,因為這種人不費吹灰之力就能輕鬆駕馭。如果全人類都有獨立思考的技巧,那我就掌握不了世界上百分之九十八的人口。

Q:你所謂那些受到你控制的人,我有興趣了解他們的福利。因此我希望你告訴我,進入人類意念並控制他們的所有詭計。我要你坦白招來,就從你最高明的手段開始說起吧!

A:你強迫我招出這個,簡直是逼我自殺,但是我也沒辦法!請稍安勿躁,我會告訴你所有的地球人能用來反抗我的武器究竟是什麼。

4

與魔鬼隨波逐流

outwitting the devil

Q：首先,告訴我你最高明的詭計——你用來誘捕最多人的工具是什麼?

A：如果你強迫我洩漏這個機密,我可能會失去現今活在世界上的數百萬人,還有未來更多尚未出生的人。我求求你,允許我跳過這個問題。

Q：所以魔鬼陛下害怕區區一個地球人!對不對?

A：正確。你沒有權利剝奪我賴以為生最必要的工具。數百萬年以來,我利用恐懼和無知來駕馭地球人。現在冒出你這個程咬金,強迫我透露使用這些工具的方法,想要破壞這些武器的效用。你知道後果會是什麼嗎?只要留意這些對話的人,我就會抓不住他們。你有沒有憐憫心?你完全沒有幽默感嗎?你連一點運動家精神都沒有嗎?

Q：停止拖延,開始招供。如果你能毀了我,絕對不會心軟,憑什麼向我要求憐憫?你又憑什麼講到運動家精神和幽默

感？你自己也承認，在地球上建立了活地獄，這是你利用無辜之人的無知和恐懼，來懲罰他們的地方，還膽敢叫我只管好自己的事。我強迫你供出控制人類意念的招數，這就是我該做的事。我的事，如果能稱得上是一門事業，那就是幫助世間男女打開自創監獄的大門，因為你把恐懼植入他們的心中，他們就自我設定限制。

＊＊＊

地球人先生有力量強迫魔鬼回答他的問題，他本身對獨立思想的知識和毫不懼怕的態度，就是逼迫魔鬼招供的武器。

＊＊＊

A：我用來對付人類並奪取他們意念最偉大的武器，包含了兩個祕密法則。首先我來討論習慣的法則，藉著這個法則我靜悄悄的進入人類意念。當我運作這項法則時，就建立（我希望儘量避免這個詞句）起隨波逐流的習慣。當一個人在任何方面隨波逐流時，他就直接通往所謂「地獄的大門」。

Q：解釋你誘使人們隨波逐流的所有方法。先為這個詞彙下個定義，告訴我們這是什麼意思。

A：「隨波逐流」這個詞彙最佳的定義就是──會自我思考的人，絕對不隨波逐流；但很少或從不獨立思考的人，就是

隨波逐流者。隨波逐流者允許被除了自己意念以外的外在因素影響和控制，不願意大費周章的自我思考。一個隨波逐流的人消極接受人生帶來的任何景況，而不提出異議或奮力爭取。他不知道自己想從人生中得到什麼，因此一輩子渾渾噩噩。隨波逐流的人有很多意見，但是都不是他自己想出來的，大部分都是我提供的。隨波逐流的人因為在心理上犯懶，所以完全不用大腦。這就是為什麼我能控制人類的思想，把我自己的想法植入他們的意念中。

＊＊＊

很少或從不獨立思考的人，就是隨波逐流者。隨波逐流者允許被除了自己意念以外的外在因素影響和控制。

＊＊＊

Q：我想我了解什麼是隨波逐流。告訴我你用哪些習慣來引誘人類一輩子隨波逐流。先告訴我你在什麼時間點，用什麼方法來首次奪得一個人的意念。

A：我獲得人類意念的時間點，是在這個人年幼的時候。有的時候我會在一個人出生之前，就先打下控制他意念的基礎，先操控這個人父母親的意念。有的時候我甚至會追尋到更早，透過你們地球人稱為「生理遺傳」的機制，提早準備好使人們受我控制。因此，你看我有兩種手段來控制

一個人的意念。

Q：是的，請繼續描述你如何進入並控制人類意念的這兩扇大門。

A：就像我剛才說過的，在人類出生到世界上之前，我幫忙在他們虛弱的大腦裡，植入祖先的弱點，盡可能的加諸在他們身上。你們稱這個法則為「生理遺傳」。在人們出生之後，我利用你們地球人稱為「環境」的因素，作為控制的手段。這就是一貫法則的開端。意念，說穿了只是一個人習慣的總和罷了。在我入侵人類的意念之後，就使他們養成習慣，最後終於完全被我征服。

Q：告訴我你最常用哪些習慣來控制人類意念。

A：這是我最高明的絕招之一：我藉著想法進入人類的意念中，但人們以為是他們自己想出來的。對我來說，最有用的想法是恐懼、迷信、貪得無厭、貪婪、色慾、報復心、憤怒、虛榮和懶惰。透過一個或數個想法，我就能入侵任何年齡人類的任何意念。但是效果最顯著者，是在一個人年幼時就先得到主導權。在這個意念的主人學會如何關閉這九扇門之前，我先下手為強，就能培養某些習慣，讓這些門永遠關不緊。

Q：我明白你的策略了。現在我們再回到隨波逐流的習慣上。告訴我這個習慣的所有內幕，因為你說這是你控制人類意念最高明的絕招之一。

A：如同我之前說過的，我讓人們從年少時期就開始隨波逐流。我誘使他們在求學階段一路隨波逐流，完全不知道他們一輩子想要從事什麼樣的行業。從這裡我就捕捉了大部分的人。習慣有個共通性，一旦在某一方面隨波逐流，很快的就在每個方面都隨波逐流。我也用外在的環境習慣，緊緊抓住受害者不放。

Q：我知道了，你的工作就是訓練孩童培養隨波逐流的習慣，誘使他們漫無目的地度過求學生涯。現在告訴我其他的詭計。

A：我用來養成隨波逐流者的第二個招數，就是透過家長、公立學校教師和宗教佈道者的幫助來運作。

我警告你，不要強迫我說出這個招數。不要洩漏這個招數。如果你說出去的話，我所有運用此招數的同事們都會恨死你。如果你把這些對話拿去出版成書，這本書會被公立學校禁讀，大多數的宗教領袖會把它列為黑名單，父母親會藏起來不准孩子讀，報紙會不敢刊登書評。數以百萬計的人會恨你寫了這本書。

事實上，除了那些會獨立思考的人以外，沒有人會喜歡你或你的書。你知道會思考的人是少之又少！我建議你直接跳過第二個招數的描述。

＊＊＊

作者知道這個論點就是本書中最受爭議的要點之一。事實上，他的太太就非常擔心遭人非議，所以她要求他保證絕不出版此書。事實上，在他去世之後，直到今天她的家屬才同意把這本書公諸於世。我勸你先聽聽希爾對於公立學校系統和宗教佈道者的看法，然後再決定是否認同。

＊＊＊

Q：所以你想保留第二招數的敘述，是為了我好？除了獨立思考的人以外，沒有人會喜歡我的書，是吧？很好，你就好好回答吧！

A：你會後悔的，地球人先生，而且製造笑話的人會是你。你犯了這個錯誤後，眾人的注意力會從我轉移到你身上。我有著上百萬的同儕，他們會忘記我，反會恨你把我的策略公諸於世。

Q：不用擔心我。告訴我你的第二個招數，也就是把人誘騙去隨波逐流，一路流進地獄的方法。

A：我的第二個招數，一點也不輸給第一個招數，反而是最優先的。為什麼是最優先的呢？因為如果沒有這個方法，我就無法獲得青少年意念的掌控權。家長、學校老師、佈道家和其他許許多多的成年人，不知不覺的幫我達成這個目的，幫我摧毀小孩獨立思考的習慣。他們各自用著不同的方式，從來未曾懷疑灌輸給孩子們的意念，產生了什麼樣

的影響,也不思索孩子們犯錯背後真正的原因。

＊＊＊

你有沒有聽過家長打斷孩子的話,搶著說話?有沒有看過家長做孩子的家庭作業?還記得小時候學校舉辦科學展覽時,有些參賽者的作品顯然是由很多外來的「幫手」完成的嗎?爸爸媽媽可能「幫」了太多忙,在內心深處他們以為小孩子很感謝,認為幫這些忙代表了自己是很棒的家長,對不對?其實,小孩子心裡想的可能是:「媽媽和爸爸覺得我應付不來,所以我何必呢?」到頭來,這種家長的「幫忙」反而破壞了孩子的自信心。家長得讓孩子自己負全責,才能幫助孩子發展獨立思考的習慣。

＊＊＊

Q:我真不敢相信,陛下。我一直相信孩子們最好的朋友,就是身邊最親近的人——父母、老師和佈道家。如果孩子們不從這些教養者的身上獲得可靠的指引,還能指望誰呢?

A:這就是我聰明的地方,這也解釋了我怎麼控制世界上百分之九十八的人口。趁人類還小的時候,我就掌控了他們,要訣就是利用那些有教養責任的人。我特別需要那些宗教佈道者的幫忙,因為當他們給孩子傳道時,就是我能瓦解獨立思考、養成隨波逐流習慣的大好時機。用著各種無法證明的想法,講解一個未知的世界,困擾孩子年幼的心

智。就在此時，我把所有恐懼中最強大的——對地獄的恐懼，植入孩子的意念中！

Q：我了解用地獄的威脅來嚇唬孩子是很容易辦到的，但是你怎能在他們長大成人、學會自我思考後，還能讓他們一直怕你呢？

A：孩子們會長大，但並不是每個人長大之後都學會自我思考！一旦我用恐懼抓住孩子的心，我就減弱了他理性思考和自我思考的能力，這種弱點會一輩子跟著這個孩子。

Q：那根本是以不公平的手法欺負人類，在他們還未能完全掌握意念之前，就先去污染它？

A：只要我能用來擴張領域，什麼方法都是公平的。我可沒有「對」和「錯」這種可笑的限制，對我來說，力量就是對的。我利用各種已知的人類弱點，來獲得和保持對人類意念的掌控權！

Q：我明白你邪惡的本質！現在我們回歸正題，討論你引誘人們活在世上，隨波逐流到地獄去的策略。從你的告白中，我知道你趁著孩子年紀還小、心智單純時就先影響他們。告訴我你怎麼利用家長、老師和佈道家，來誘使人們隨波逐流。

A：我最喜歡的詭計之一，就是整合家長和佈道家的力量，讓他們同心協力的幫我摧毀孩子們自我思考的能力。我用很多佈道家來損害孩子們的勇氣，和獨立思考的能力，教導

他們懼怕我;此外,我也用家長去配合佈道家,一起來為我完成這個千秋大業。

Q:家長怎麼幫佈道家摧毀孩子自我思考的能力呢?我從來沒有聽過這麼離譜的事。

A:我用一個非常聰明的辦法來達成目標。我讓家長教他們的孩子相信家長相信的事,舉凡宗教、政治、婚姻和其他重要的議題。你看,如此一來,當我獲得一個人意念的掌控權時,只要讓這個人幫我綁住他孩子的意念,我就可以輕易的達成永續管理。

Q:你還有其他什麼辦法,利用家長把孩子轉變成隨波逐流的人?

A:我讓孩子變成隨波逐流者的方法,就是使他們以父母親為榜樣。既然我已經控制了絕大部分的家長,讓他們永遠受到我的束縛,那麼在世界上某些地方,我控制孩子的意念和抑制他們意志力的方法,和人類馴服和征服低等動物的手法一模一樣。對我來說,利用什麼方法來摧毀一個孩子的意志完全不重要,只要他害怕某種東西就好。我會藉著這份恐懼來進入他的意念中,然後限制這個孩子獨立思考的能力。

* * *

魔鬼會透過恐懼進入一個孩子的意念中,然後限制孩子獨立思

考的能力。我還記得以前認識的許多佈道家,我能立刻把他們分為兩大類:(1)以恐懼為基礎;(2)以信心為基礎的佈道者。事實上,我小的時候也聽過一些以恐懼為基礎的佈道,到現在我只要一想到「火和硫磺」,就會毛骨悚然。相反地,我還記得以信心為基礎的佈道中,那種充滿希望和勇氣的振奮感。希爾這番充滿智慧的話,對我來說真是心有戚戚焉。恐懼是否會麻痺獨立思考呢?

*　*　*

Q:看起來你為了要防止人類思考,根本是不辭勞苦。

A:是的,正確思考就是我的滅亡。我不能存在於正確思考的人類之意念中。我不介意人類思考,只要他們想著恐懼、挫折、無助和破壞性的念頭。當他們開始想著信心、勇氣、希望和明確的目標等正面思考,他們立刻成為我敵人們的盟友,會一把甩開我。

Q:我慢慢開始體會出你是怎麼利用家長和宗教佈道家的幫助,來擄獲孩子們的意念。但是我不懂,學校老師怎麼幫你進行邪惡的計畫。

A:學校老師幫我擄獲孩子的方法,並不是在於他們不教孩子。整個公立學校系統太過制式化,老師幾乎什麼都教,就是不教孩子怎麼運用自己的意念,也不教他們獨立思考。我最大的恐懼是,將來有一天,某個勇敢的人會出來扭轉當今學校教育的系統,允許學生變成老師,而老師僅

僅扮演領導的角色,幫助學生發展內在意念的各種技巧。對我來說,這將是致命的一擊。等到那個時候,學校老師就再也不是我的手下了。

＊＊＊

這是希爾早在1938年就發展出的對公立學校批評的核心。你同意他的論點嗎?想一想幼稚園幼童和一年級新生,他們總是很熱心,什麼事都自願幫忙,常常舉起手來,迫不及待的學習。現在把時間快轉十年,想想同一批孩子,已經長成高中生——那些坐在教室後排,目光從來不和大人交接,絕對不肯自願幫忙,也不問問題——他們已經和學校過程脫節。這些孩子發生了什麼事?由於十年的學校教育,他們認為只要犯下一個錯誤,就會淪為被恥笑和嘲弄的對象。所以他們停止參與任何事情,尋求自我保護。他們被教導所有問題和衝突的解決之道,不在他們自己的手中和腦中,而是在老師的手中和腦中——權威的代表。當衝突發生時,如果他們獨立去解決,就會遭到老師迅速的指責和報復。因此孩子們從獨立思考中受到挫折,並且被灌輸了錯誤觀念——他們無力解決自己的問題。不過,世界上還是有許多優秀的教師,而希爾的批評似乎也被教育界認可。如果你同意希爾的觀點,那麼我們能做什麼呢?我們能做一件事——找出鼓勵學生獨立思考的教師和學校,並且替他們的勇氣喝采!

＊＊＊

Q：我一直以為，學校教育的目的就是要幫助孩子們思考。

A：這也許是學校教育的目的，但世界上大部分的學校並不實現這個目的。小學生被教導不該發展和運用自己的意念，但是要採納和運用其他人的意念。這一類的學校教育摧毀了獨立思考的能力，只有在某些特殊的案例中，孩子們明確仰賴自己的意志力，拒絕讓別人替他們思考。正確的思考是我敵人的事，不是我的。

Q：那麼你的敵人和家庭、教會、學校之間的關係為何呢？你對這個問題的回答應該很有意思。

A：在這一方面，我運用了更多聰明的詭計。我的計謀是讓家長、學校老師和宗教領袖做的每一件事，表面上看起來都是我的敵人做的。

如此一來，他們把焦點從我身上移開，我就趁機去操控孩童的意念。宗教佈道家試著教導孩子們我的敵人有哪些良善之處時，通常都用我的名字來嚇唬孩子——這就是我需要的。我點起恐懼的火苗，經過搧風助燃之後，就能摧毀孩子正確思考的能力。在公立學校中，老師們更是助我一臂之力，讓孩子忙得團團轉，把不必要的資訊全都塞進大腦裡，他們根本無暇精確思考，或正確分析老師教的內容。

Q：你的聲明是，因為你的緣故，所有隨波逐流者都受到束縛

嗎？

A：不，隨波逐流只是我的詭計之一，是用來奪取獨立思考的力量。一個隨波逐流者在變成我永久的附屬之前，我必須一直領導他，用另一個詭計來誘捕他。等我講完了把人類帶到隨波逐流的策略之後，我再告訴你另外這個詭計。

Q：你的意思是，你有一整套策略能誘拐人們隨波逐流，直到他們和自決力完全脫節，最後根本救不了自己？

A：是的，一套清晰的策略：保證有效，從不失敗。

Q：我理解你的聲明，你說這套策略有力到連你的敵人，也救不出那些因隨波逐流而永遠被你捕捉的人，是嗎？

A：沒錯！如果我的敵人能阻止，你認為我還能控制這麼多人嗎？除了人類自己，誰也阻止不了我去控制他們。

除了正確思考的力量之外，什麼也阻擋不了我。正確思考的人不會在任何主題上隨波逐流，他們明白自己的意念有多麼強大；而且他們掌握這股力量，絕不拱手讓給其他人或其他影響力。

Q：告訴我，你誘拐人們隨波逐流，跟你到地獄去的其他策略！

A：我讓人類在每個議題上都隨波逐流，就能控制他們的獨立思考和行動的能力。拿健康這個主題來打個比方吧！我讓大多數人吃得太多，而且吃錯食物，這會導致消化不良，並且損害正確思考能力。如果公立學校和教會教導孩子們

正確的飲食習慣，會對我造成無可彌補的傷害。

婚姻：我讓男人和女人隨波逐流到婚姻裡，缺乏將婚姻關係和諧化的計畫或目的。這是我誘騙人們隨波逐流最有效的策略之一。我讓夫妻雙方因為錢的問題而爭執不休，或成天嘮叨。我讓他們因為孩子的教養問題不斷爭吵。我誘使他們因為床笫之事而引起不愉快的糾紛，也因為朋友和社交場合而意見分歧。我讓他們忙著互相挑剔，他們根本無暇去做其他任何事情，不足以打破隨波逐流的惡習。

職業：我教導人們從學校畢業後，就隨波逐流到能找到的第一份差事，隨便什麼工作都行，除了糊口之外，沒有清晰的計畫或目的。因為這個詭計，我讓幾百萬人一輩子都活在恐懼貧窮的陰影中。透過這種恐懼，我緩慢但穩健的把他們領導到一種臨界點，這樣就再也沒有人能打破隨波逐流的習慣。

儲蓄：我讓人們恣意揮霍，只有很少的儲蓄或完全沒有存款，直到我運用他們對貧窮的恐懼來完全控制他們。

環境：我讓人們在家中隨波逐流到不和諧和不愉快的環境中，在他們的工作場所、在與親戚朋友的人際關係上，一直處於這種環境中，直到我透過隨波逐流的習慣抓住他們。

主要意念：我引誘人們建立負面思考的習慣，這會導

致負面的行為，並在人們之間引發爭端，在他們的意念中充滿恐懼，幫我鋪好路，準備讓我進入並控制他們的意念。當我搬進去時，就以愈負面的意念來引誘人們，他們還以為是自己想出來的。我把負面思考的種子植入人們的意念中──講臺、報紙、電影、廣播和其他常見的意念影響途徑。我誘拐人們允許我替他們思考，因為他們太懶惰，或是抱持事不關己的冷淡態度，不願自行思考。

Q：從你的話中，我得到以下的結論：隨波逐流和拖延（procrastination）是一樣的。正確嗎？

A：是的，正確。任何導致人們拖延的習慣──延遲達成明確的目標──都會導致隨波逐流的習慣。

* * *

魔鬼說：「我誘拐人們允許我替他們思考，因為他們太懶惰，或是抱持事不關己的冷淡態度，不願自行思考。」

懶惰＋冷淡＝拖延＝隨波逐流

這是希爾對隨波逐流者下的定義。因為我大半輩子都是如假包換的拖延者，這真是一語點醒夢中人。我喜歡用這個藉口──在面對壓力時，我的工作效率最高。但實際上：這就是我拖延的藉口。你能想到人生中某些因為懶惰和冷淡，導致你脫離成功之路的經驗

嗎？或是當你動作太慢，來不及抓住機會，眼睜睜看著機會從你的指尖溜走的經驗？

＊＊＊

Q：人類是不是唯一會隨波逐流的生物？

A：對。所有生物都按照大自然法則而行動。只有人類會違反大自然的法則，依照自己的意願而隨波逐流。

　　我的敵人管轄人類意念以外的所有事物，這些管轄的法則非常清晰，所以隨波逐流是不可能的。正因為人類有隨波逐流的習慣，我才能控制人類的意念。換句話說，我能控制人類的意念，正因為他們忽略或拒絕掌控運用自己的意念。

Q：對於一個渺小的人類來說，這實在有一點深奧。我們回到比較不抽象的議題上。請告訴我這種隨波逐流的習慣，如何影響各行各業的人，請用一般人都明白的方式來解釋。

A：我倒是希望這些對話能越撲朔迷離越好。

Q：可想而知。這樣你就不會被拆穿了。但是我們現在回到地球上。請告訴我隨波逐流如何影響美國這個國家。

A：老實說，我乾脆就打開天窗說亮話。我痛恨美國，恨得牙癢癢的。

Q：真有意思。這份仇恨的原因為何？

A：這份仇恨的起源是1776年7月4日，當五十六個人簽下一份

文件，摧毀我控制這個國家的機會。這份文件就是所謂的獨立宣言（Declaration of Independence）。如果不是因為那份該死的文件造成的影響，現在會有獨裁者來治理這個國家，然後我就能阻止言論自由和獨立思考的權利──這些都威脅我在地球上的統治。

Q：我確認一下你的意思，你說控制各個國家的獨裁者都是你的部下？

A：沒有所謂「自我任命」（self-appointed）的獨裁者，他們全都是被我感召的。不只如此，我支配他們，在他們的工作中指導他們。被我的獨裁者統治的國家知道他們想要什麼，然後用武力去搶奪。看看義大利的墨索里尼（Mussolini），看看我的成就！看看德國的希特勒（Hitler），看看我現在的進展。看看俄國的史達林（Stalin），看看我目前的成績。我的獨裁者替我管理這些國家，因為人民在隨波逐流的習慣中被征服了。我的獨裁者可沒有隨波逐流，這就是為什麼他們能替我統治幾百萬個人民。

Q：萬一墨索里尼、史達林和希特勒背叛或反抗你，和你的統治呢？

A：這種情況不會發生，因為我已經徹底買通他們。我給他們每個人的賄賂，就是他們自己的虛榮心，讓他們相信自己是隨著自我的意願而行動。這是我的另一個詭計。

Q：我們再回到美國來，談談你用哪些手法來誘拐人們養成隨波逐流的習慣。

A：現在我正在為一個獨裁者的誕生而鋪路，把恐懼和不確定性的種子散播到人們的意念中。

Q：你利用誰來執行這份工作？

A：主要是總統。我正在摧毀他在民間的影響力——在雇主和員工之間的工作協定這個議題上，我正在想辦法讓他隨波逐流。如果我能讓他再耗上一年，他就會完全失信於民，我就能將這個國家交給獨裁者來統治。如果總統再繼續隨波逐流，我就會凍結全美國人民的個人自由，就像我在西班牙、義大利、德國和英國的毀滅工作一樣。

* * *

當希爾在1938年寫下這份手稿時，當時的總統是羅斯福（Franklin D. Roosevelt）。魔鬼的意見是否適用於今天的情況呢？如果希爾今天還健在的話，你覺得他是否也會寫下和七十年前一樣的話呢？

* * *

Q：你說的話讓我導出一個結論：隨波逐流是一種弱點，不論是人類或國家，都無可避免地導致失敗的結果。這是你的聲明嗎？

A： 隨波逐流是各行各業中，導致失敗最常見的原因。只要我能誘拐任何人在任何議題上隨波逐流，我就能控制他。原因有兩個：第一，隨波逐流者是我手中的灰泥，照著我的意願任意被捏造雕塑，因為隨波逐流摧毀人類上進的力量。第二，隨波逐流者無法從我的敵人手上得到幫助，因為我的敵人不喜愛這麼軟弱無用的人。

Q：這就是為什麼只有少數的人富有，而絕大多數的人都很貧窮？

A：正是這個原因。貧窮，就像生理疾病一樣，是具有傳染性的。在隨波逐流當中特別多這種案例，但是在那些知道自己想要什麼，且下定決心要達成目標的人身上，卻找不到這種病。如果我把一件事實說出來，你就會心服口服——那些不隨波逐流的人（也就是不受我控制的人），和那些掌握世上最多財富的人，剛好是同一批人。

Q：一直以來，我以為錢是萬惡之源，窮人和卑微的人會前往天國，而富人會被交到你的手中。關於我的說法，你有什麼看法？

A：如果人知道如何從生命中獲得物質事物，通常也知道如何遠離魔鬼的手掌。獲得事物的能力是具有傳染性的。隨波逐流的人只能撿別人剩下不要的。如果人類有明確的目標和更強烈的渴望，不論是物質或精神上的財富，我的受害者就少多了。

***

聖經中的字句，講的是「貪財」，而不是金錢本身。

提摩太前書6：10：「貪財是萬惡之根。」

***

Q：依據你所說的話，我假設你不能聲稱那些工業鉅子為你的盟友。他們顯然不是你的朋友。

A：我的朋友？我告訴你他們算不算是我的朋友。他們在全國鋪設平坦的道路，拉近城市和鄉村之間的距離。他們把鐵礦轉變成鋼，然後拿去作為摩天大樓的骨架。他們成功的駕馭了電力，轉變成上千種用途，這種便利性的設計給人類帶來更多的思考時間。他們製造汽車，提供個人運輸工具，就連最卑微的市民也能享受便利，給了每個人旅行的自由。他們透過廣播，提供每個房子新聞，讓世界上每個角落發生的事情，都能即時傳播出去。

***

還有電視、智慧型手機、衛星電視和網路！

***

他們在每個城市、小鎮和村莊中設立圖書館，讀者可

從這些豐富的藏書中,獲得人類經驗中最有用的知識。他們給每一個公民表達意見的權利,不論在任何時間、地點,都不需擔心被傷害。他們也確實讓每一個公民能透過選票來制定律法、課徵賦稅,並治理國家。工業領袖們所做的事不只是這些,他們給了每個公民避免淪為隨波逐流者的特權。你覺得這些人有幫到我嗎?

Q:當今世界上有哪些非隨波逐流者是你無法控制的?

A:非隨波逐流者不受我控制,不論是現在或是過去。我只控制弱者,不控制自我思考的人。

Q:請描述一個典型的隨波逐流者。請詳細描述,讓我能夠在看見隨波逐流者時,一眼就能辨認出來。

A:在隨波逐流者身上,你會注意到的第一件事情,就是他完全缺乏人生中的主要目的。

他顯然缺乏信心。

任何需要思考和努力的事,他總是無法完成。

他把收入全部花光,如果有信用額度,還會花更多。

他患有某種真實的或是想像出來的疾病,健康狀況不佳,受到最輕微的苦痛就哀求上天救治。

他只有一點點,或是甚至完全沒有想像力。

如果沒有人逼他,他就缺乏熱忱和進取心。如果可能,他永遠挑最軟的柿子吃,明白顯露出自己的弱點。

他的脾氣暴躁,缺乏管理自我情緒的能力。

他的人格一點也不帶有磁性,完全不吸引人。

他對每件事都有意見,但對什麼事都缺乏知識。

他樣樣通,樣樣鬆。

他忽略了和周遭的人通力合作,連那些他賴以為生的人也不與之合作。

他一次又一次的犯下同樣的錯誤,永遠不從失敗中記取教訓。

他的心胸狹隘,對所有議題都抱持偏執的態度,任何人只要不贊成他,他就要把人家釘上十字架。

他期待別人的施助,但只願付出一點點,甚至完全不回饋。

他起了很多頭,但從來沒有完成任何一樣。

他大聲批評政府,但是從來不說明政府有什麼明確的改進之道。

如果他能避免作決定,就會儘量避免;如果有人強迫他作決定,只要一逮到機會他就藉故逃脫。

他吃得太多,運動太少。

他會喝酒,如果有人買單的話。

他會賭博,如果能掛帳的話。

他會批評其他在專業上有成就的人。

簡單的來說,大多數人努力賺錢過活的程度,還比不上隨波逐流者避免思考所耗費的精力。

他寧願說謊,也不願承認自己在任何主題上的無知。

如果他替別人工作,他會在背後批評上司,卻在他們面前阿諛諂媚。

Q:你已經生動的描寫了隨波逐流者。現在請描述非隨波逐流者,讓我能一眼就認出他來。

A:非隨波逐流者的第一個特徵是:他永遠有著明確的目標,和有組織性的明確計畫。他的人生有一個主要目標,會一直朝著目標前進,由一連串小的目標,朝向大的目標邁進。

他說話的語調、輕快的步伐、眼中閃爍的光芒、作決定的敏捷程度,全都清楚顯示他是一個知道自己想要什麼,下定決心去達成,不論花費多少時間或代價都要完成的人。

如果你問他問題,他會給你直截了當的答案,絕對不會找藉口或託辭。

他大方的幫助別人,只接受少量的幫助,甚至不需要幫助。

他在各種比賽或上戰場時,總是打前鋒。

如果他不知道答案,他就會老實說。

他有著絕佳的記憶力,從不為自己的缺點找藉口。

他絕不把自己的錯歸咎到別人身上,不論別人是不是真的有責任。

以前我們說這種人是「能幹」（go-getter），現在我們應該改口說他是「能給」（go-giver）。你會發現這種人是鎮上生意做得最大的老闆，住在最高級的路段，開著最棒的轎車，無論他到哪裡，大家都會注意到他。

每個接觸到他意念的人都會獲得靈感。

非隨波逐流者的最主要、最與眾不同之特徵是：他擁有自己的想法，並運用在各種層次上。

＊＊＊

非隨波逐流者「擁有自己的想法，並運用在各種層次上。」

你能想出某個人完全符合這項敘述嗎？那個人是不是非隨波逐流者？

＊＊＊

Q：非隨波逐流者是不是天生就有過人的心理、生理，或靈性上的優勢，是隨波逐流者比不上的呢？

A：不是。隨波逐流者和非隨波逐流者之間最大的不同，是他們用不同手法來運作相同的條件——每個人運用自己意念、為自己思考的特權。

Q：如果你想要治好一個典型隨波逐流者的習慣，你會怎麼勸他呢？

A：我會勸他清醒過來，並且給與！

Q：給什麼？

A：某種形式的服務，對越多人有利越好。

Q：所以非隨波逐流者應該是會給與的人，是嗎？

A：是的，如果他想要獲得，他必須先付出再收穫！

Q：有些人懷疑你是否真的存在。

A：如果我是你，我才不擔心這個。準備好要改掉隨波逐流這種習慣的人，光從這些對話的健全性就能辨識出真假。其他的人根本不值得大費周章去改正。

Q：為什麼你不試著阻止我出版這些對話？

A：因為那就保證你一定會去出版。我有更妙的方法來阻擋我的告白問世。我會勸你去出版此書，然後等著看你受苦，因為有些我最忠實的隨波逐流者會不斷找你麻煩。我根本不需要去否認你的故事，我的信眾自然會替我做那些事——你等著看好了。

＊＊＊

在希爾寫下這些話之後，有超過七十年漫長的光陰，本書都不得出版，我又焦急又期待地想知道，他還揭露哪些祕密！後面還有很多精采內容……

＊＊＊

5 魔鬼的自白

outwitting the devil

Q：如果這份自白就此打住，內容已經夠完整，而且很幸運的，已經被你擄去的幾百萬受害者，將會因為這份招供而得到釋放，所以對話會一直進行下去，直到你交出所有用來壓制人類的武器為止。總有一天，人類會戰勝自己的恐懼和迷信，反過來用這些武器制約你的行動。記得，陛下，你的自白才剛剛開始。等我逼你供出控制人類的各種手段，我也會逼你供出破解的公式，到時人類就能隨心所欲的破除你的掌控。

沒錯，我的生命有限，不足以打敗你，但是我出版的書在我死後卻永不消逝，因為書中蘊含真理！你不怕任何人的反對勢力，因為人的壽命有限，但是你害怕真理。你只怕真理，其他都不怕，就因為這個原因，人類將會緩慢但穩健的擺脫這種恐懼，而得到自由。一旦失去恐懼這個武器，你就無用武之地，完全無法控制人類！對還是錯？

＊＊＊

「沒錯，我的生命有限，不足以打敗你，但是我出版的書在我死後卻永不消逝，因為書中蘊含真理！」

的確，拿破崙・希爾在1970年過世，這本書則在2011年出版，的確永不消逝。

＊＊＊

A：我只能承認，你說的全是對的。

Q：現在我們已經達成共識，就繼續招供。但是在繼續之前，我乾脆就小小的吹噓一番，反正你已經吹過牛了。我只要問一個問題，光是答案就會帶給我無上的滿足感。你是否只能控制那些容許自己養成隨波逐流習慣人們的意念，是不是真的？

A：是真的。我已經用不同方法承認這個真相十多次了。你為什麼要一直重複這個問題，是想折磨我嗎？

Q：重複有強大的力量。我正在強迫你儘可能的反覆強調告白中的重點，如此一來你的受害者就能檢驗這些對話，用他們自己過去和你交手的經驗，來驗證對話的健全性。這是我的一個小小招數。你同意我的手法嗎？

A：你設下這個圈套，只是為了自吹自擂，是吧？

Q：我負責問，你負責答！現在開始招供，為什麼我強迫你說出真相時，你無力阻止我。我要你老實招出的原因，是想

拿來幫助和安慰你的受害者，只要他們一讀到這些對話，就能馬上得到釋放，擺脫你的控制。

A：我無力影響你或是控制你，因為你已經找到我國度的祕密入口。你知道我只存在於有恐懼之人的意念中。你知道我只控制不運用自己意念的隨波逐流者。你知道我的地獄就是在地球上，而不是在死後的世界。你也知道隨波逐流助長了我在地獄裡的火焰。你知道我是一種法則或能量形式，也就是物質和能量中的負面性質，而不是一個有著分叉舌頭和箭尾的怪物。你已經變成我的主人，因為你已經掌握了你所有的恐懼。最後，你知道你能釋放所有地球受害者，這種知識對我造成最大的打擊。

　　我不能控制你，因為你已經發現了自己的意念，而且完全掌控。現在，地球人先生，這些對話應該把你的虛榮心餵到撐，撐到要脹破了吧。

＊＊＊

魔鬼說：「我不能控制你，因為你已經發現了自己的意念，而且完全掌控。這種知識對我造成最大的打擊。」

＊＊＊

Q：那最後一支箭實在沒有必要。這種用來掌控你的知識，完全不受低俗和虛榮心的汙染。真理是世界上唯一能承受嘲

諷的事物。現在我們繼續你的自白。諂媚法則為什麼是壞的？你用這個法則，是嗎？

A：我用不用？開玩笑！諂媚法則是我最有效的武器之一。有了這個致命的工具，大大小小的人類全都能一網打盡。

Q：你這句話真有意思。請告訴我你如何利用諂媚。

A：我利用諂媚的方法太多了，多到不知道從哪裡開始說起。在我開始描述細節之前，我先警告你，如果你把這些答案公諸於世，大量的批評會向山崩一樣的落在你頭上，責怪你提出這個問題。

Q：我會自行負責，請繼續。

A：那我就老實的告訴你，你意外發現了我誘拐人們去隨波逐流的最大祕訣！

Q：這話真是驚人。繼續你的告白，把焦點放在諂媚這個主題上。少在哪裡說風涼話或耍嘴皮子。告訴我你怎麼用諂媚控制人類。

A：如果你想要控制他人的話，諂媚就成了所向無敵的誘餌。諂媚有著強大的作用力，因為它把人類最常見的兩個弱點當成施力點：虛榮心和自大心理。在每個人的心中，多多少少都有一定程度的虛榮心和自大心理。在某些人身上，因為這兩個弱點太明顯了，往往被我拿來當成繩索，用來捆住他們。所有的繩索中，諂媚最好用。

諂媚是男人引誘女人最主要的誘餌。事實上，有的時

候，女人也時常用相同的誘餌來控制男人，特別是那些能拒抗性誘惑的男人。我教男人、也教女人怎麼運用諂媚。我的代理人常把諂媚當成誘餌，編織到人類的自信心中，然後再從他們口中取得發動戰爭的必要資訊。

每當有人開始用諂媚來餵養自己的虛榮心時，我就搬進去開始打造隨波逐流者。非隨波逐流者非常難以諂媚。我啟發人類在各種人際關係上盡可能的去阿諛諂媚。因為只要是被諂媚所影響的人，很容易將成為隨波逐流這種習慣的受害者。

＊＊＊

魔鬼說：「諂媚是男人引誘女人最主要的誘餌。」

＊＊＊

Q：如果一個人很容易受到諂媚的影響，你能控制他嗎？
A：簡單得很。就像我之前說過的，諂媚是誘拐人類養成隨波逐流習慣的最主要因素。
Q：人類在什麼年齡最容易受到諂媚的影響？
A：一個人受諂媚影響的程度與年齡無關。從人類對自己產生意識開始，直到死亡為止，用著不同的方法來回應。
Q：女人最容易被諂媚的動機為何？
A：虛榮心。告訴一個女人她很美麗，或是她很會打扮。

Q：那麼獵取男人最有效的動機為何？

A：自大心理。告訴一個男人他有著海克力士（Hercules）般健美的體格，或他是一位偉大的企業家，他就會像貓一樣打呼嚕，或像老鼠一樣咧著嘴笑。接下來，你知道會發生什麼事情。

Q：所有的男人都是這樣嗎？

A：不是。每一百個人中，有兩個已經完全控制住自己的自大心理，即使像我這麼在行的專家，就算拿著雙刃屠刀猛切，也鑽不進他們裡面。

Q：狡猾的女人用什麼方法來諂媚和吸引男人？

A：天呀，先生，我是不是該把她的手法向你一一說明？你沒有想像力嗎？

Q：喔，我的想像力夠豐富了，陛下。我是在替全天下易受騙的傻子們著想，他們需要了解自己到底是被什麼樣的諂媚技巧，騙進了隨波逐流的習慣中。請繼續，告訴我們女人用什麼樣的方法獵殺有錢又聰明的男人。

A：這個邪惡的妙招，本來是專門用在女人身上的，但既然你要求這項資訊，我也不能不告訴你。女人影響男人的技巧：第一，把說話的聲音裝得又柔又媚；第二，瞇瞇眼睛，對男人發出催眠般的魔力，來諂媚奉承男人。

＊＊＊

我相信有些女人看到這裡一定忿忿不平，事實上，我剛開始也一樣。如果你想翻白眼，就翻吧！不過繼續讀下去，這是真理！

＊＊＊

Q：這就是諂媚的全部方法嗎？

A：不是，這只是技巧而已。接下來就是女人拿來作為誘餌的動機。你心中想的這種女人，既不出賣自己，也不出賣自己擁有的任何東西。她賣給男人的，是他自己的自大心理！

Q：女人諂媚男人時，就只用這一點嗎？

A：這是最有效的方法。當性感的外貌不管用時，這一點還有效。

Q：難道我該相信高大、強壯又聰明的男人，一旦被諂媚、玩弄和操控時，簡直就像塑土一樣，這可能嗎？

A：可能？這是每一天、每一分鐘都在發生的事。不只如此，除非他們是非隨波逐流者，否則當專業的諂媚者搬進去他們越是成功，就摔得越重。

Q：告訴我其他誘拐人類一輩子隨波逐流的招數。

A：我最管用的工具之一是失敗。大多數人一旦遇上反對力量時，就馬上開始隨波逐流，一千個人之中，找不到一個人在失敗兩、三次之後，還會繼續堅持下去。

Q：所以你的工作就是導致人類失敗，對不對？

A：你說得對。失敗瓦解人的鬥志、摧毀自信心、損害熱忱、減低想像力、趕走明確的目標。

　　缺乏這些特質時，沒有人能在任何事情上成功。這個世界上有幾千個發明家，在能力方面優於已故的愛迪生，但是這些人默默無名。愛迪生的名字之所以會永世不朽，是因為他把失敗轉化為墊腳石，最終達成目標。反觀其他人，只會把失敗當作一事無成的藉口。

Q：亨利‧福特最主要的資產之一，是不是能毫不灰心克服失敗的能力？

A：是的，在各行各業中登峰造極，達到偉大成功的人，都有這種共通特質和主要資產。

* * *

「毫不灰心克服失敗的能力」是「各行各業中登峰造極，達到偉大成功的人都有的主要資產。」

在我的新書《離金三尺》中，我和共同作者訪談了超過三十五位當今世界上頂尖的領導者。訪談內容不是關於他們的成功，而是專注於他們人生中最困難的時刻，以及他們如何再接再勵，終於獲得成功。比如說，茱莉‧克羅恩（Julie Krone），第一位名列騎術名人堂的女性，贏過3704場競賽，她描述了騎術生涯剛開始時的艱困歷程。許多名馬的主人根本不會聘請女性來當騎師。她表示她堅持下去的座右銘，就是「一再出現！」她說：「我發現如果我

每天都出現,然後盡全力去做,最後他們就會讓我騎一匹馬,好打發我。」其餘的都是眾所皆知的歷史。茱莉被《今日美國》(USA Today)封為史上最強的運動員之一。

***

Q：這句話涵蓋了很廣的範圍,陛下。你要不要稍微修飾或是婉轉一點說明,才能更精準呢?

A：完全沒有必要修飾,因為這句聲明一點以也不太廣泛。如果你正確的研究史上長久成功人士的辛酸史,就會發現他們成功的程度,和克服失敗的能力完全成正比。

這些成功人士的心路歷程,在在證明了每個真正的哲學家知道的真理:「每次失敗都蘊藏著同等優勢的種子。」

但是在隨波逐流者的影響下,這顆種子不會發芽茁壯。一個深信大部分失敗只是暫時性挫折的人,無論處於哪種劣勢,絕不會接受失敗為隨波逐流的藉口,種子在這個人的手中才會展現生命力。

Q：如果我理解正確,你主張失敗自有其好處。這一點都不合理。如果失敗真的有好處的話,你又何苦試著引導人們走向失敗呢?

A：我的聲明絕對沒有前後矛盾。表面上看起來矛盾,是因為你還不完全理解。只有當一個人不被引導到放棄和隨波逐

流時，失敗才有好處。我之所以能無限量的引導人們失敗，原因是：在一千個人之中，找不到一個在失敗了兩、三次之後，還會繼續堅持下去的人。少數能將失敗轉為墊腳石的人，我也不會太過擔心，反正他們本屬於我的敵人。他們是非隨波逐流者，因此超出我的勢力範圍。

Q：你的解釋把整件事都澄清了。現在繼續說下去，告訴我你還有哪些不同的招數，誘拐人類養成隨波逐流的習慣。

＊＊＊

「愛迪生把失敗轉化為墊腳石，最終達成目標。其他人只會把失敗當作一事無成的藉口。」

你如何看待人生中的失敗？

＊＊＊

A：我最有效的招數之一，就是你們所謂的「宣傳」。對我來說，當我設下圈套，以戰爭的外貌來行謀殺之實，這個工具是無價之寶。

這個招數之所以高明，主要是因為我巧妙的運用。

我把宣傳的手法融入全世界的新聞中。我讓公立和私立學校幫我教授宣傳，我發現這個招數已經搬到講臺上。我把宣傳混入電影中，藉著電台廣播進入每個家庭。我把宣傳放到招牌看板、報紙和電台廣告中。我也放送到各種

工作場所中。我在離婚法庭上大肆渲染,也讓它去摧毀工商業。

　　這也是我開始進行銀行擠兌的主要工具。我的宣傳者遍佈世界各地,只要我願意,就能隨時爆發疾病、鼓動戰爭,或讓企業界陷入恐慌之中。

Q：如果宣傳能幫你達成這些目的,難怪世界上有戰爭和經濟衰退。請簡單的為「宣傳」這個詞下定義,它到底是什麼,又是怎麼運作?我特別想知道,你如何運用這個邪惡的工具,來誘拐人類隨波逐流。

A：「宣傳」是任何形式的工具、計畫或策略。人們在不知不覺之下被影響,也不知道受什麼影響。

　　在商業界中,「宣傳」被用來達成減少競爭的目的。雇主用這種方法從員工身上佔便宜;員工也用這種方法來反制,從雇主身上佔便宜。事實上,這個方法在全世界被廣泛的使用,而且手法非常自然又有效。即使人們察覺出有宣傳的成分,表面上看起來也不具有傷害成分。

Q：我認為你手下有些人正努力準備美國民眾的意念,讓他們隨波逐流到某種獨裁政府中。告訴我他們工作的手法。

A：是的,我手下有好幾百萬人目前正在設法讓美國人變成「希特勒化」(Hitlerized)。我手下最傑出的人員透過政治和工會來運作。我們想用選票來接收整個國家,而不是用子彈。美國人太過敏感了,如果他們眼看自己的政府運

用機關槍和坦克車來改革,肯定會受不了這種驚嚇。所以我們的宣傳專員特地給他們調配了適合他們口味的特餐,在雇主和員工之間挑起衝突,並讓政府反對工商業。等到宣傳完全奏效時,我手下自然會有人出來當獨裁者,你們最高法院的九位大法官,還有他們對於憲法的那些愚蠢堅持,全都要滾蛋!國家的財庫會給每個人工作,由政府發放工資。等人民的肚子都餵飽了,他們就會跟隨著餵飽他們的人一起隨波逐流,吃不飽的人才會逃離這種控制。

***

在1938年,魔鬼用來「希特勒化」美國的工具之一,就是「讓政府反對工商業」,並用國庫來餵飽百姓。今天是不是也有同樣的政府?魔鬼是否正在獲勝?如果今天拿破崙與魔鬼對話,魔鬼可能得意洋洋的述說當今已經實行,或正在提議的「津貼」計畫,還有政府不停的干涉私人企業運作,如汽車工業和金融業等。

***

Q:我時常在想,到底是誰發明了你所謂的「宣傳」這種聰明招數。你告訴我宣傳的來源和本質後,我終於明白為什麼宣傳有非常致命的影響力。只有像陛下這麼詭計多端的人,才能發明出這樣的工具,用來模糊理智、推翻意志力,並誘拐人類隨波逐流。

你為什麼不把這麼強大的宣傳利器,拿去擄獲受害者,掌控他們?為什麼你要用恐懼來耗損他們,用戰爭來殲滅他們呢?

A:除了宣傳之外,對魔鬼的可怕之處還有什麼呢?你觀察我的行事技巧時,未免也太不仔細了,要不然你早就看出我是世界上最偉大的宣傳家!我的手法從來就不是直接用公開的方式,我做事又巧妙又迂迴。當我把負面的想法植入人類的意念中,並讓他們相信這是自我思想的產物,我這樣獲得他們的控制權時,用的不就是宣傳嗎?除了「最高明的宣傳手法」之外,還有別的名稱嗎?

Q:你該不會是在說,你借用人類的幫助來摧毀他們,但他們卻渾然不覺你的詭計?

A:這就是我要你明白的。此外,我會秀給你看這種詭計是怎麼運作的。

Q:現在我們有點進展了。你究竟是如何將人類轉為宣傳家,然後把他們引誘到自我設定的牢籠中呢?說出你的傑作,把所有的細節都說清楚。這是你自白中最重要的部分,我迫不及待地想知道你的祕密。我實在不能怪你遲遲不肯回答我的問題,因為你心知肚明,一旦把答案說出來,你手中掌握的受害者,會有好幾百萬人就此逃脫。你也知道這個答案會保護幾百萬尚未出生的人們,不落入你的魔掌中。難怪你一直在閃躲這個問題。

A：你的推論是正確的，這一部分的自白比其他部分更具殺傷力。

Q：換句話說，這一部分自白從你手中搶救出來的受害者人數，比其他部分還多上好幾百萬。

A：我只能說，你把我逼到一個進退不得的死角！

Q：你是該嚐嚐當受害者的滋味。說出來吧。

A：我第一次進入一個人的意念時，是用賄賂的方式。

Q：你拿什麼來賄賂？

A：我用各種不同事物，要看那個人心中想得到什麼。我賄賂人的方式，和人類之間彼此賄賂的方式大同小異。也就是說，人類最想要什麼，我就用那些東西來賄賂他們。我最好用的賄賂品是：

- 愛
- 渴望情慾
- 貪戀財物
- 不勞而獲的癮症——賭博
- 女人的虛榮，男人的自大

＊＊＊

在今天的環境中，男人、女人顯然都能淪為虛榮心和自大的受害者。

＊＊＊

- 渴望成為別人的主人
- 渴望香煙、酒和毒品
- 渴望用言語和行為來表達自我
- 渴望模仿他人
- 渴望死後延續生命
- 渴望成為英雄或英雌
- 渴望美食

Q：這份賄賂名單真令人印象深刻，陛下。你還有其他賄賂品嗎？

A：是的，多得很。但這些是我最愛用的。上述各種賄賂品經過我的巧妙組合之後，就能用來進入任何人的意念，不論年齡大小，從他們呱呱落地一直到走進墳墓之前，我能隨心所欲的進入他們的內心。

Q：你的意思是，這些賄賂品好像鑰匙一樣，你能悄悄的打開任何人的心門？

A：那正是我的意思，我真的辦得到。

Q：當一個人尚未養成隨波逐流的習慣之前，如果這時你進入他的意念中會發生什麼事？如果這個人屬於那百分之九十八的人口，是一名潛在的隨波逐流者。

A：我會馬上開始工作，設法佔據那個人的意念，盡可能爭取越多空間越好。如果這個人最大的弱點是渴望金錢，我就

會在他面前吊著一串串的錢幣,當然這是比喻性的說法。我強化他的渴望,誘使他去追求錢財;然後等錢財快要到手時,我就一把搶走。

這是我的一個老招數。在重複這個招數幾次之後,這個可憐蟲就會放棄了;於是我就在他的意念中奪取更多的空間,在裡面填滿了對貧窮的恐懼。這是我最好的意念填充物(mind filler)之一。

Q:是的,我承認你的手法非常高明,但是如果這個人反過來擺你一道,真的獲得大量的錢財呢?這個時候你就不是在他的意念中填入對貧窮的恐懼了,是吧?

A:是的,我還是佔有那空間,但是換一種東西來填充,不過換湯不換藥。如果這個受害者真的把渴望轉化為大量的財富,我就開始在他腦中塞入揮霍金錢的念頭。我讓他大吃特吃油膩的食物,減緩他思考的能力,讓他的心臟受損,把他推向隨波逐流的道路上。

在他吃下超量的食物後,我用腸道中毒來騷擾他。這也會減緩他思考的能力,並且會讓他性情大變。

Q:如果受害者不是貪吃的人呢?還有其他什麼蠢事,可以誘使人被引領到隨波逐流之路?

A:如果受害者是男性,我通常能用性慾來獵捕他。過度縱慾是最多男人隨波逐流到失敗的原因,遠超過其他所有因素的總和。

Q：所以食物和性慾是兩種保證上鉤的誘餌,對不對?
A：對,用這兩種誘餌,我就能接收絕大部分的受害者,而且別忘了還有對金錢的渴望。
Q：我開始覺得財富比貧窮更危險,如果你的說法可以相信的話。
A：這完全要看財富在誰的手中,還有取得財富的方式。
Q：財富本身是福還是禍,和財富取得的方式有什麼關係?
A：關係很大。如果你不相信我,就看看那些快速致富的人,如果沒有時間累積足夠的智慧,你去觀察一下他們使用金錢的方式。

　　要不然你認為有錢人家第二代的成就,為什麼通常很難趕上他們的父親?我告訴你為什麼,因為他們一生中不需要為溫飽而工作,因此被剝奪了那種自律的精神。

　　看看電影明星和運動員的紀錄——那些一夕致富、受到英雄般崇拜、受到社會大眾讚美的人。在許多案例中,觀察我能用多快的速度搬進他們裡面,主要是透過性慾、賭博、食物和酒精來接收他們。社會上最高、最好的人們,一旦手中擁有大量的財富,我就能用這些來捕捉和控制他們。

＊＊＊

仔細想想,有數不清的運動員在變成超級巨星之後,從迅速累

積的財富和名聲中慘跌下來⋯⋯想想看，幾百萬的年輕人還向他們看齊呢！想想那些樂透彩券的得獎人，在得了頭彩的幾年之內把所有的錢都敗光了⋯⋯是因為隨波逐流⋯⋯還是賭博的下場？這些循環有沒有可能都是魔鬼精心安排的結果？

＊＊＊

Q：那麼其他緩慢累積財富，靠著雙手打拼出來的人呢？他們也容易被捕捉嗎？

A：喔，我也抓得住他們，但是我通常得換個誘餌。有些人想要某種東西，有些人則想要得到別種。

　　我只要確保他們能得到心中最渴望的東西，我的目的就大功告成，因為我總是有辦法在整個配套當中，偷偷塞進他們不想要的東西。我給他們的東西，是讓他們淪為隨波逐流的罪魁禍首。你了解我這種運作方式嗎？

Q：真是非常高招啊！你利用人類自然的渴望來誘拐他們，而且在給他們這些渴望的物品時，又偷偷的把致命的毒藥加進去。

A：你終於開竅了。你看，我等於是同時扮演黑白兩道，左右開弓來夾殺。

Q：從這些話中，我推斷你無法用賄賂來引誘非隨波逐流者，幫助你獲得他的意念，對不對？

A：對極了。我雖然有辦法讓非隨波逐流者對我的賄賂產生興

趣——因為這是人類的天性——但是非隨波逐流者就好比是偷吃掉魚餌，卻拒絕上鉤的那種魚。

　　非隨波逐流者從生命中任意取得自己想要的事物，但是他完全依照自己的意願行動。隨波逐流者則是得到他能取得的，但是他得照我的意願行事。

　　換句話說，非隨波逐流者想要借錢時，他選擇從一個合法的銀行那裡辦理貸款，然後付出合理的利率。反觀隨波逐流者則是去當鋪，典當自己的手錶，而且借來的錢有著高得令人自殺的利率。

Ｑ：所以，從你的聲明中我作出以下結論——人類所有的麻煩和悲劇中都有你的手在其中攪局，即使你的存在並非肉眼可見？

Ａ：我手下最不情願的員工，通常也是我最棒的員工。你看，這些不情願的員工，就是那些無法被各種賄賂所控制的人，這些人必須要透過恐懼或某種形式的不幸才能被我掌握。他們並不想侍奉我，但是卻免不了替我工作，因為他們被隨波逐流的習慣所左右，永永遠遠地被我綑綁。

Ｑ：現在我開始了解你的技巧了。你透過人類的渴望來賄賂受害者們，把他們引到錯誤的道路上，同時如果他們對你的誘餌心動的話，你就引誘他們成為隨波逐流者。如果他們拒絕對誘餌做出反應，你就把恐懼的種子種到他們心中，然後用某種不幸事件來捕捉他們；當他們跌倒時，你趁機

把他們五花大綁。這是不是你的策略？

A：你完全說中了我的運作方式。很高明吧！你說是不是？

Q：你比較喜歡哪種人來當你的宣傳家？年輕人還是老年人？

A：當然是年輕人！跟有成熟判斷力的人相比，他們比較容易受各種賄賂品所影響。此外，他們有更多時間替我工作。

Q：關於隨波逐流，陛下已經給了我清楚的敘述。告訴我有哪些預防措施，可杜絕隨波逐流的習慣養成。我要的是一種全面性的公式，可適用於每個人的。

A：隨波逐流的防護機制存在於每個人類當中，只要他們有正常的身體和健全的心智。運用以下的簡易策略，就能產生自我防護的作用。

1. 在任何場合中，自己動腦思考。這項事實非常重要：人類能夠完全掌握的事物，除了自己思考的能力以外，別無他物！

2. 明確決定你在人生中想獲得什麼，然後擬定達成計畫；如果有必要的話願意犧牲一切，不要接受挫敗。

3. 分析暫時性的挫敗，不論本質或原因為何，從中萃取出同等優勢的種子。

4. 願意為人服務，你想從人生中獲得多少物質享受，就要先去付出等值的貢獻。

5. 明白你的大腦是一套接收器材，能調整到正確頻率，從宇宙中接受無窮智慧的溝通訊息，幫助你將渴望轉化為同等

實體。

6. 認清你最大的資產是時間；百分之百擁有自己的思考力，則是另一個偉大資產，它能將渴望塑造成任何實體。所以好好運用自己的時間，不要浪費一分一秒。

7. 記住這項真理——恐懼通常是一種填充物，魔鬼用來佔據你意念中的閒置部分。這是一種可以自行控制的心態，只要在這些被侵佔的空間中填滿自信心，相信自己有能力迫使人生滿足你提出的要求。

8. 當你祈禱時，不要苦苦哀求！要求你想要的事物，並堅持得到這些事物，不接受替代品。

9. 認清人生是一個殘酷的督導，如果你不駕馭它，它就會駕馭你，沒有折衷或妥協可言。人生如果給你任何你不想要的事物，千萬別照單全收。如果將不想要的東西暫時強迫推給你，你可以在意念中拒絕接受，然後你真正想要的東西就會出現。

10. 最後，透過自然法則，你的主要意念會找出最快速和最方便的方法，吸引它們的同等實體。注意你的意念中存在哪些思緒。

Q：這份清單真是壯觀。給我一個簡單的公式，把十項要點全部融合為一。如果你必須把十項濃縮成一項，會是什麼結果？

A：你做的每件事情都要明確，在心中不要有任何不能完成的

想法。要養成習慣,在每一件事上都作出明確決定。

Q:隨波逐流的習慣能被打破嗎?還是一旦養成習慣,就固定其永久性?

A:如果受害者有足夠的意志力,加上正確的時間點,這個習慣是可以打破的。一旦過了臨界點,這個習慣就永遠改不掉了。過了臨界點之後,這個受害者就是我的。他就好像一隻蒼蠅被蜘蛛網給纏住了,他也許能掙扎,但卻擺脫不了;每動一下就纏得更緊。我用來永久纏住受害者的網,是一種自然法則,科學家到現在還尚無法解析或理解這種道理。

6 催眠節奏

Q：這是什麼樣的神祕法則，讓你在接收人類的靈魂之前，就先永久性的控制人類的身體？全世界都想知道這條法則，還有它運作的機制。

A：要讓你明白這條法則，光用文字敘述是有點困難，但是你可以把它稱為「催眠節奏」（hypnotic rhythm）。人類之所以會被催眠，就是透過相同的法則。

Q：所以你有力量運用這條法則，把它結成一張網，綑綁你的受害者，實行永恆的掌控。這是你的說法嗎？

A：這不只是我的說法，是真理！在人類死亡之前，我早就接收了他們的意念和身體，只要我能引誘他們或是嚇唬他們進入催眠節奏。

Q：催眠節奏是什麼？你是怎麼用它來永久性的控制人類？

A：如果真的要描述給你聽，幫助你對催眠節奏建立基礎認知，我就得從頭說起，穿過時間和空間的界限。要不然你就無

法了解我的敘述，不明白怎麼運用這條宇宙法則來控制人類。

Q：沒問題，照你所說的做，但是請你把說明侷限在簡單的論述上，範圍不要超出我自身的經驗，和我對大自然法則的知識。

A：很好，我會盡力。當然，你知道大自然中有一股冥冥的力量，將宇宙中所有的物質和能量保持在一個完美的平衡狀態。你看到恆星和行星以完美的規律運行，每一個天體都按照自己的時間和空間運作。你看到一年四季照著完美的規律輪替。你看橡樹從橡實中生出，松樹從它自己的種子孕育而生。一顆橡實絕不會孕育出松樹，而一棵松子也不會長出橡樹。

任何人都能理解這些簡單的事實，但人類不能理解的是，在無數的宇宙中，大自然運用哪一條宇宙法則來維持完美的平衡。

當牛頓發現一條偉大的宇宙法則：地球保持在自己的位置上，所有的物質會被地球中央吸引──你們地球人驚鴻一瞥地到這條法則其中一小塊碎片。牛頓稱之為萬有引力法則。

但是他沒有繼續深入這條法則的研究工作。如果他繼續鑽研下去，他就會發現能把地球保持在原地，幫助大自

然在四度空間中維持完美平衡的這條法則——所有物質和能量都包含在這四度空間中——它就是我纏繞和控制人類意念的網。

Q：告訴我更多關於這條不可思議的催眠節奏法則。

A：如同我剛才說過的，有一種宇宙共通的能量，能讓大自然保持所有物質和能量之間的完美平衡。它運用這股宇宙建構材料的特殊手法，就是將其拆成不同的波長。這種分解的過程透過習慣而達成。

如果我把這種體系比作學習彈奏音樂的方式，你就會更明白我想傳達的概念。一開始，人必須先在腦海中熟記音符，然後他們透過旋律和節奏，來認清每個音符之間的關係。經過不斷的重複，旋律和節奏就在腦海中固定下來。觀察一位音樂家，看他在能夠完全掌握一首曲子之前，一定要不厭其煩的一再重複練習。經過反覆練習，音符就會融合，然後才會有音樂。

透過習慣，只要人類的意念不斷重複任何思緒脈動，最後就會形成一種組織化的節奏。討人厭的習慣也可以被打破。但是這些習慣必須在協調節奏建立以前就先打破。你了解我的意思嗎？

Q：是的。

A：很好，讓我繼續說下去。節奏就是習慣養成的最後一個階段！透過習慣法則，任何思緒或行動只要經過不斷的重

複，最後就會形成協調的節奏。

　　然後習慣就無法被打破，因為大自然已經接手，把它固定成永久性的節奏。這就好比是水中的漩渦，任何物體能在水面上無止盡的漂流，直到它被捲入漩渦之中。於是這個物體就在漩渦中不停地打轉，但是卻逃不出去。人類思考的能量就好比是河流中的水。

Q：所以，這就是你控制人類的方法，對不對？

A：是的，我獲得人類意念掌控權時，只需要讓意念的主人隨波逐流就夠了。

Q：我理解到隨波逐流這種習慣最大的危險，就是人類喪失自我思考，和打造人生目標的權利或特權，是嗎？

A：不止於此。隨波逐流這種習慣讓人類放棄自己的肉體，我就可以接收他們的靈魂了。

Q：人類唯一能從永恆毀滅中被解救的方法，就是活在地球上時要維持自己意念的掌控權。這是真的嗎？

A：你把真理說得妙極了！所有控制和運用自己意念的人，會從我布下的天羅地網中逃脫。就像太陽很自然的從西邊落下，我也很自然的接收其他人的靈魂。

＊＊＊

　　魔鬼說：「所有控制和運用自己意念的人，會從我布下的天羅地網中逃脫。」

＊＊＊

Q：從永恆毀滅中被解救出來，就只是這樣嗎？你口中所謂的敵人，不也是要解救人類嗎？

A：我看得出來你的思慮非常深遠。我的敵人——你們地球人口中所謂神的力量——與解救人類不受永恆毀滅的關係非常密切。正因為如此，我的敵人提供每個人類運用自我意念的特權。

　　如果你維持自己意念的掌控權，好好運用這股力量，當你離開塵世的身體時，就會融入那份力量之中。如果你忽略了運用這股力量，那麼透過催眠節奏法則，我就有特權去佔用這個忽略者。

Q：當你獲得一個人的控制權時，你能接收多少比例呢？

A：在他停止控制和運用自己的意念後，全部都是我的。

Q：換句話說，當你獲得一個人的掌控權時，從他放棄運用自己意念開始算起，這個人所有的一切都會被你接收？這種說法正確嗎？

A：這就是我運作的方式。

Q：有些人在死亡之前就被你控制，你是怎麼對待他們的？當他們還活著時，他們對你有什麼好處？

A：受我控制之後，我就利用他們，或是他們剩餘的部分，成為我的宣傳者，幫助我控制其他人的意念，開始隨波逐

流。

Q：你不只欺騙人類，企圖摧毀他們的力量和控制他們的意念，你還利用他們幫你去誘捕其他人？

A：是的，我不會讓機會白白溜走。

Q：讓我們回到催眠節奏的主題上，請告訴我這條法則運行的更多內幕。請讓我見識一下，你用來控制人類的更多其他方法。我想知道你運用催眠節奏最有效率的方式。

A：喔，簡單得很！我最喜歡的事，就是在人類的意念中填滿恐懼。一旦我在人的意念中填滿恐懼，要讓他去隨波逐流是輕而易舉的事。到最後我就會把他纏在催眠節奏的羅網之中。

Q：人類哪一種恐懼對你最有用處？

A：對死亡的恐懼。

Q：為什麼對死亡的恐懼是你最喜歡的武器？

A：因為根據宇宙法則的本質，沒有人知道，也沒有人能有效證明死後會發生什麼事。這種不確定性把人類嚇得完全不知所措。

　　人類把意念交給恐懼後——任何種類的恐懼——會忽略運用自己的意念，開始隨波逐流。最後他們會流到催眠節奏的漩渦中，然後永遠逃脫不了。

Q：因此你完全不在意宗教家講到死亡時，對你的想法或說詞？

A：一點也不在意，只要他們一直說下去！如果各教會停止談論我，那麼我的事工就會遭到挫敗。每一句對我的攻擊，會讓某些人被影響，在他們的意念中，對我的恐懼會更加穩固。你看，反對我就是某些人不去隨波逐流的原因！但先決條件是他們不能屈服。

Q：既然你說教會會幫助你的事工，而不是妨礙你，那麼告訴我有什麼事會讓你擔心勢力受損？

A：我唯一的擔憂是，有一天世界上會產生一位真正的思想家。

Q：如果一位思想家出現會發生什麼事？

A：你問我會發生什麼事？我告訴你會發生什麼事，人們會學到最偉大的真理——他們浪費多少光陰，害怕什麼事情會發生。如果顛倒過來，他們就會得到物質世界中所有想要的一切，並且在死後從我的手中被拯救。這難道不值得思考嗎？

＊＊＊

魔鬼說：「人們浪費多少光陰，害怕什麼事情會發生。如果顛倒過來，他們就會得到物質世界中所有想要的一切，並且在死後從我的手中被拯救。」

＊＊＊

Q：什麼原因導致這樣的思想家遲遲未出現在世界上？

A：恐懼被批評！你可能會覺得以下這句話很有趣——恐懼被批評是我唯一能拿來對付你的有效武器。如果你逼我招出這份訪談錄之後，不怕出版此書的後果，那我恐怕會失去地球這整個王國。

Q：如果我做出讓你吃驚的事，真的出版這本書，要多久的時間你才會失去這個王國？

A：一個年輕世代長大到懂事的時間。你不可能把我手中這些成年人搶走，我已把他們牢牢掌控住了。但是如果你出版這些對話，可能會阻擋我去獲得兩種人的意念：尚未出生的和還不懂事的小孩。你光是想想那些宗教界人士對此書的反應——如同我曾經告訴你的——你就不敢出版此書，他們會把你釘上十字架。

Q：我以為釘十字架這種野蠻行為，早在兩千多年前就已經退流行了。

A：我說的並不是真的把你釘上木頭做的十字架上，而是社交和經濟上的十字架。你的收入會完全停止，會被社會所唾棄。宗教界人士和他們的信眾會瞧不起你。

Q：看起來，我還真該加入少數能運用自己意念分子的行列，不怕大多數不自行思考的人——就是你聲稱自己掌控的百分之九十八的人口？

A：如果你有足夠的勇氣來做這件事，你會成為我的絆腳石。

＊＊＊

　　讀到這裡，我的背脊起了一陣涼意……因為當時的情況，的確阻止了這份手稿的出版，從1938年完稿到現在才發行，距離希爾1970年的逝世已經過了多少年了。這本書遲遲未能問世，真的只是他太太「恐懼被批評」，擔心引來宗教界人士和公立學校擁護者的反對聲浪……還是這根本是魔鬼一手精心策劃？現在家屬和基金會覺得時機已經成熟，該是把這份手稿向全世界分享的時候。我們是不是該聽從希爾的金玉良言，發現我們的「另我」，並且控制我們自己的意念，重新打造我們的命運？

＊＊＊

Q：你為什麼沒有提到科學家呢？你不喜歡科學家嗎？

A：喔，我喜歡所有的人啊，但真正的科學家是超出我的能力範圍之外。

Q：為什麼？

A：因為他們會自行思考，把時間都花在研究自然法則上。他們講求因果關係，目的是找出事實。但請別誤會，別認為科學家都不信宗教，他們有著非常明確的信仰。

Q：他們的信仰是什麼？

A：信仰真理！自然法則的信仰！如果世界上真的出現一位正確的思想家，有能力推導出「生和死」之中深層的奧祕，那麼科學就得為一場大災難負起全責。

Q：誰的大災難？

A：當然是我的！

Q：我們再回到催眠節奏的主題上，我想要多了解一些。這就是人類為什麼能彼此互相催眠的原理，是不是？

A：這正是相同的事情。我已經告訴過你，你為什麼要重複這些問題呢？

Q：這是我的一個習慣，陛下。我就老實告訴你吧！我就是要逼你重複自己的許多聲明，作為強調之用。我也在試著能否抓到你說謊的小辮子。不要閃躲議題，重新回到催眠節奏上，告訴我全部的內容。我也是受害者之一嗎？

A：還不是，不過你差一點就落進我的網中。你曾經朝著催眠節奏的漩渦中漂流，但是你發現如何強迫我來進行這些對話，然後我就失去對你的控制！

Q：真是有趣。你該不會是想用諂媚來重新抓住我吧？

A：那是我能提供給你最好的賄賂。以前我曾用這個賄賂有效的對付你，在你制服我之前。

Q：你用什麼來諂媚我？

A：用許多事物，其中最主要的是性慾和自我表達的渴望。

Q：你的賄賂對我產生什麼效果？

A：它們讓你忽略人生中最重要的目的，讓你開始隨波逐流。

Q：你用賄賂只做了這些嗎？

A：這就很足夠了。

Q：但是我現在重新步上正軌,超出你的勢力範圍,不是嗎?

A：是的,你暫時超出我的勢力範圍,因為你目前不隨波逐流。

Q：是什麼原因讓你的法力對我失效,把我從隨波逐流的習慣中釋放出來?

A：我的回答會讓你顏面盡失。你真的想知道嗎?

Q：說吧,陛下,把真相說出來。我想知道自己能承受多少真理。

A：當你從選擇的女人身上找到偉大的真愛時,我就失去對你的控制。

Q：所以你要控訴我躲在一個女人的裙子後面,是不是?

A：不是,不是躲著。我的意思不是這樣。我會說你學會如何用一個女人的意念,為自己建立起一個堅強的後盾。

Q：所以女人的裙子一點關係也沒有?

A：沒有,但是她的腦子有絕大關係。當你和你太太兩人的大腦融合為一時,每天都在強化「智庫」的力量,你誤打誤撞的發現一股神祕力量,然後用這股力量強迫我招供。

Q：這是真相,還是你諂媚我的花招?

A：如果你是孤家寡人,我就能諂媚你,但是既然你利用了你太太的意念,我便無法諂媚你。

Q：我開始明白一件重要的事。我開始了解在《聖經》中一位作者曾說過的話,那句話的大意是:「有兩、三個人奉我

的名,同心合意的求什麼事,就被成全。」(譯註:節取自《聖經》新約馬太福音18:19-20)那麼這的確是真的,兩個意念高於單一意念。

A:不只是真的,還是必要條件——任何人若想不斷的接觸到永恆智慧的偉大寶庫,宇宙間現在的一切、過去的一切和未來的一切——必須滿足這個條件。

Q:真的有這種寶庫嗎?

A:如果沒有的話,你根本不可能羞辱我,強迫我來做這個愚蠢到極點的招供。

Q:那麼把這種資訊公諸於世,豈不是很危險嗎?

A:沒錯,對我來說很危險。如果我是你的話,我就不會說出去。

Q:我們再回去老話題,你用什麼技巧把隨波逐流的習慣綁在受害人身上?如果一個已經隨波逐流的人想要打破這個惡習,他的第一步驟是什麼?

A:一個熱切打破惡習的渴望!你一定知道,如果一個人不願意被另一個人催眠,他就無法被催眠。這種「不願意」可能會藉著某種外在表現形式,例如對人生抱持著冷淡的態度、缺乏企圖心、恐懼、缺乏明確的目標,和許多其他形式表現出來。大自然並不需要先取得人類的同意,然後才把催眠節奏放在他身上。只要人類忽略運用自己的意念,處於鬆懈狀態就足夠了。記得:無論你有什麼,你要好好

運用，不然就會失去。

　　人類想要成功的破壞隨波逐流的時機，必須趁大自然運用催眠節奏，轉化為固定習慣的永久性之前。

Q：我的理解是，催眠節奏是另一種自然法則。大自然運用這個法則來固定所有環境的震動頻率。這是真的嗎？

A：是的，大自然運用催眠節奏，讓人類的主要意念和思考習慣變成永久性存在。這就是為什麼貧窮是一種疾病。如果人類把貧窮視為一種無法避免的情況，那麼大自然就會透過這種思考習慣，把它轉換為永久性的事實。

　　透過同樣的催眠節奏，大自然也會把財富和富裕等正面思考，永久性的固定下來。

　　如果我告訴你催眠節奏的運作原則，就是根據一條準則——不論是心理或生理習慣，全都被永久性的固定下來，這樣解釋很可能讓你更清楚它的本質。如果你的意念中有對貧窮的恐懼，你的意念就會吸引貧窮。如果你的意念要求財富，並期待財富到來，你的意念就會要求大量財富，會吸引大量財富的同等經濟實體。這些事情的發生，全都遵照一條永恆性的自然法則定律。

＊＊＊

希爾首次發表吸引力法則，是在1919年3月份的《黃金法則》雜

誌中。在過去一個世紀裡，這一條永恆的自然法則，透過《祕密》（The Secret）這本轟動各界的暢銷書，在全球廣為人知。

＊＊＊

Q：在聖經中不是有一句話，「人種的是什麼，收的也是什麼。」（譯註：《聖經》舊約加拉太書6:7）。此話的意思就是這條自然法則，是嗎？

A：作者心中想的正是這個道理。這句話是真的。在所有的人際關係中，都能找到這個真理的證據。

Q：而且這就是為什麼人類一旦養成隨波逐流的習慣之後，就只能接受人生交給他的境遇，對嗎？

A：對極了。人生支付隨波逐流者的工資，完全無商量餘地。但是非隨波逐流者卻按照自己的意願，要求人生支付他工資。

Q：人在一生中得到什麼，和道德脫離不了關係吧？

A：當然有關係，但是原因在於一個人的道德會影響他的思緒。一個人光是善良，也無法從人生中得到他想要的，如果這是你心裡想問的。

Q：不是，我知道你的意思。我們人生的境界和個性本質，都是我們行為的結果。

A：不，不完全是。你的人生境界和個性本質，是你思考和行為的結果。

Q：那麼「運氣」就不是一種現實，對嗎？

A：絕對不是。人類往往將不明白的情況，歸類在運氣的範圍內。在每個現實的背後都有一個原因，通常這份原因和結果相距甚遠，因為找不到其中的關聯，人們就用運氣這種說法來解釋這些無法用常理判斷之事。大自然並不明白「運氣」這種法則，這是一種人造的假說，用來解釋不明白之事。「運氣」和「奇蹟」這兩個詞是雙胞胎姊妹，但事實上這對姊妹並不存在，只存在人類的想像力中，人類利用這兩個詞來解釋他們不了解的事物。記得：真正存在的每件事都能被證明。記住這個真理，你就會成為一位健全的思想家。

Q：哪一個比較重要，人的思考或是人的行為？

A：所有的行為都跟隨著思考。如果沒有思考模式，根本不會有行為的產生。此外，所有的念頭傾向於將自己轉化為同等實體。一個人的主要意念，也就是加入了情緒、渴望、希望、信心、恐懼、恨意、貪念、熱忱的各種念頭，不只傾向於轉化為同等實體，而且必定會如此。

Q：這讓我想到，我要問你一個關於你自己的問題。除了在人類的意念中，你還居住在哪裡？在哪裡運作？

A：只要有能讓我加以控制和佔用的地方，就有我的運作。我已經告訴過你，我是電子物質中的負面能量。

●我是閃電中的雷聲

- 我是疾病和肉體苦難中的疼痛
- 我是戰爭中肉眼看不見的將軍
- 我是貧窮和饑荒中無形的推手
- 我是死亡的劊子手
- 我是情慾的煽動者
- 我是嫉妒、羨慕和貪婪的創造者
- 我是恐懼的慫恿者
- 我是把人類科學成就轉變為死亡工具的天才
- 我是人際關係和諧的摧毀者
- 我是公道的反對者
- 我是不道德的推動力
- 我是所有良善的制約力
- 我是焦慮、懷疑、迷信和精神錯亂
- 我是希望和信心的毀滅者
- 我是負面中傷和醜聞的挑動者
- 我是自由和獨立思考的絆腳石
- 總結來說,我是人類各種悲慘的創造者,沮喪和失望的主謀

Q:你不把這些稱為冷酷無情嗎?

A:我把這些稱為明確和可靠。

經濟大蕭條打破各地人類的習慣,重新劃分各行各業中的機會和版圖,規模之大前所未見。

隨波逐流者的藉口就是，哭喊著全世界的機會都消失殆盡，他用這種說詞來解釋自己不利的情勢。

非隨波逐流者不會坐著乾等機會上門，他們根據渴望創造機會，要求人生支付工資。

＊＊＊

希爾提到在經濟大蕭條時湧現的偉大機會，還有趁機抓住這些機會的人所得到的財富。我相信希爾如果還健在的話，也會說同樣的話……今天有許多機會存在，也正因為目前的經濟騷動，你也能趁機抓住和創造一個機會，實現你對人生的渴望和抱負嗎？

＊＊＊

Q：非隨波逐流者夠聰明，能避免催眠節奏的影響嗎？

A：沒有人聰明到能躲開催眠節奏的影響，就像人不能輕易避開萬有引力法則的影響。催眠節奏法則永久性的轉化人類的主要意念，這跟他們是不是隨波逐流者無關。

非隨波逐流者也沒有理由想要避免催眠節奏的影響力，因為這條法則對他們有利。這股力量幫助他們把主要目標、計畫或目的轉化成實體複製品。這條法則幫他固定思考的習慣，產生永久性的效益。

只有隨波逐流者會想要閃躲催眠節奏的影響力。

Q：在我成年之後的大部分人生都是個隨波逐流者。我是怎麼

逃脫的？

A：你沒有逃脫。自從你成年之後，你大部分的主要意念和渴望，很清晰、明確的想要了解意念的所有潛能。

你在某些較不重要的意念上曾經隨波逐流，但是在這個特定的渴望上，你從來沒有隨波逐流過。因為你沒有隨波逐流，現在才能記下這些對話，你的主要意念對人生的要求就交到你手上。

Q：你的敵人為什麼不用催眠節奏，來永久性固定人類的崇高思想和高尚行為呢？你的敵人為什麼允許你利用這股驚人的力量，拿來編織邪惡網羅的手段，而且是用人類自己的意念和行為？為什麼你的敵人不能用智慧勝過你，先建立和提昇人類的思考力量，在加以固定之後，你的影響力就影響不了他們？

A：催眠節奏法則公開讓任何人使用。我比我的敵人更能有效的利用這條法則，因為我提供人類更有吸引力的賄賂，他們因此甘願用我的方式思考，並沈溺在我的行為方式中。

Q：換句話說，你控制人類的方式，就是讓他們覺得負面的思考方式和破壞性的行為很合乎他們的意願。對不對？

A：就是這樣，沒錯！

7

恐懼的種子

outwitting the devil

Q：我常覺得奇怪，你的敵人——也就是我們地球人口中的神——他為什麼不徹底毀掉你？你能告訴我原因嗎？

A：因為這股力量在我手中和在他手中一樣大，我能用的，他也能用。這就是我一直想要傳達給你的觀念。宇宙中最高層的力量，到了你們稱為神的手中，會被用來發揮正面的效用；但到了你們稱為魔鬼的手中，就會被用來發揮負面的效用。更重要的是，這力量也能被任何人類運用，效果不亞於神和魔鬼的運作。

Q：你說的這個說法包含甚廣，你有證據嗎？

A：是的，但是如果你能向自己證明就更好了。對你們地球人來說，魔鬼的話不值幾分錢；不過神的話也一樣。你們恐懼魔鬼，又拒絕信任你們的神，因此你們只剩下一條路可走，才能利用宇宙力量的優勢——這個方法就是，信任和運用你們自己的思考力量。這條道路直接通往無窮智慧的

宇宙寶庫。對人類來說，沒有其他的路了。

Q：為什麼我們地球人沒有早一點發現通往無窮智慧的道路呢？

A：因為我半路攔截你們，引你們走上岔路，方法是在你們意念中種下完全毀滅正面思考力的種子。我讓你們覺得運用無窮智慧的力量是很有吸引力的，但是藉著貪婪、貪念、色慾、羨慕和恨意等，達成負面的效果。記住，你的意念停留在什麼事物上，就會吸引同類。為了轉移你們對我敵人的注意力，我只要餵你們那些對我有利的念頭就行了。

Q：如果我的理解正確，你承認了人類根本不需要害怕魔鬼，或是擔心如何取悅神！

A：完全正確。承認這件事可能會對我不利，但是我也知道把人類送到力量的源頭上，就能減慢我敵人的速度，這樣我就心滿意足了。

＊＊＊

在整篇訪談中，有好幾個地方就跟這裡一樣，希爾明確的談論神學。希爾把魔鬼當作陪襯的配角，從象徵邪惡的口中說出的這些話，其實是拿破崙‧希爾表達自己對神──無窮智慧──的想法和感覺，也是他整個成功體系的最高來源。

＊＊＊

第7章 恐懼的種子

outwitting the devil

Q：換句話說，如果你不能用恐懼和負面的賄賂來控制人類，就踢翻一整車蘋果（譯註：得不到就毀掉），乾脆讓人們學會直接去找神？你是在操弄政治嗎？你這種技巧熟悉得可怕。

A：我操弄政治？如果我不參與政治，那你覺得是誰導致經濟大蕭條的？是誰強迫人類發動戰爭？你絕對不會把這些歸到我的敵人頭上吧？我已經告訴過你，我在各行各業都有盟友，幫我打點各種人際關係。

Q：你為什麼不接收各個教會，然後讓他們徹底為你工作？

A：你覺得我是笨蛋嗎？如果我擊垮各個教會，那誰要負責激發對魔鬼的恐懼呢？如果沒有代理人來幫助我播下恐懼和懷疑的種子，在我忙著操控人類的意念時，誰來幫我誘開人類的注意力呢？我最聰明的手法就是去聯合我敵人的盟友，讓他們在人類的意念中持續對地獄的恐懼加溫。只要人類心存恐懼，不論是什麼，我都抓得住他們。

Q：我開始明白你的技巧了。你利用教會來散播恐懼、不確定性和不明確性的種子，深植在人類的意念中。這些負面的心態導致人類養成隨波逐流的習慣，這種習慣藉著催眠節奏法則固定成永久性，然後受害者就無力幫助自己了，對不對？因此，催眠節奏是一種需要注意和尊重的力量，是嗎？

A：比較好的解釋應該是說，催眠節奏是一種需要研究、了解

和自發性運用的力量,才能實現渴望的目標。

Q:如果人類不自發性的運用催眠節奏的力量,來實現渴望的目標,會不會造成很大的危險?

A:會。原因是這種力量會自行運作。如果你不自發性的運用它來達成渴望目標,它就會自行運作來達成非渴望的目標。

用氣候做個簡單的比喻。任何人都明白,大自然的力量強迫每種生物和物質適應當地氣候。在熱帶地區,大自然創造出利用果實來繁殖的樹種,它強迫樹木調整自己來適應炙熱的陽光!它強迫樹木長出能自我保護的葉子。這些樹木如果移到寒帶地區就無法生存,因為在那裡大自然建立了完全不一樣的氣候。

在比較冷的氣候中,它創造出能適應寒冷並繁殖的樹種,但是如果把它們移到熱帶地區去,同樣也不能生存。基於相同的原理,大自然也根據不同的氣候,讓動物長出不同的毛和皮,幫助牠們在當地的氣候中維持舒適和生存能力。

基於類似的原理,大自然強迫人類的意念適應環境中的各種影響,這些影響比人類自己的意念強烈。孩子從小就被迫受到環境中各種自然因素的影響,除非他們的意念比環境因素更強烈。

大自然為每個環境建立起一套清楚的節奏,在這個節

奏範圍內的每件事物都被迫要屈服。人類有力量建立起自己的思考節奏，只要他搶先在催眠節奏強迫他屈服環境中的影響力之前，就先運用自己的權利，建立自己的節奏。

每個房子、每個工作場所、每個城鎮和村落、每條街道和社區中心，都有自己清楚和獨特的節奏。如果你想知道街道會產生哪些不同的節奏，就到紐約市第五大道上（Fifth Avenue）走走，然後再到貧民窟的街道上！經過一段時間後，所有形式的節奏都會固定為永久性。

Q：每一個人都有自己的思考節奏嗎？

A：是的，這就是人與人之間最明確、最主要的差別。一個人用權力、成功、財富的態度思考時，就會建立一套招財的節奏。一個人用悲慘、失敗、挫折、沮喪和貧窮的心態思考時，就會建立一套吸引這些禍患的節奏。這就解釋了為什麼成功和失敗都是習慣導致的產物。習慣建立了一個人思考的節奏，而且這套節奏吸引來他主要意念的內容。

Q：催眠節奏就好像是磁鐵一樣，會吸引具有磁性的物品。是嗎？

A：沒錯。這就是為什麼貧窮人家總會聚集到相同的社區。這恰好印證了一句古老的諺語：「物以類聚。」這也解釋了人類一旦開始在某件事物上成功時，經過一段時間之後，會發現不再需要花費太多的力氣，成功自然會排山倒海的來臨。

所有成功的人士都運用催眠節奏，不論他們是否意識到，他們期待並要求成功到來。這種要求會變成習慣，催眠節奏接受這種習慣，然後吸引力法則就會將它轉化為同等實體。

Q：換句話說，如果我知道我想從人生得到什麼，就做出要求並甘願給人生合理的代價，作為這份要求背後的支撐，拒絕接受任何替代品，那麼催眠節奏就會接受我的渴望，運用自然而合乎常理的方式，助我一臂之力把渴望轉化為同等實體。這是真的嗎？

A：你把這條法則的運作方式都解釋明白了。

Q：科學已經建立起一套不容否認的證據，人之所以是人，全拜遺傳和環境使然。在出生時，他們就集合了無數祖先遺留下來的全部特質。出生之後，當他們漸漸到達自我意識的年紀，從此時開始環境中的影響力，特別是年幼時控制他們的那些影響力，會決定他們如何塑造自己的人格特質，他們一生的境遇也大致固定下來。這兩種事實已經建立穩固的基礎，一個明理之人能反駁的空間很有限。既然在出生以前，一個人的身體就已經是千千萬萬已逝祖先的組合，那麼催眠節奏又如何能改變他身體上的生理本質呢？催眠節奏如何能改變一個人在環境中的影響呢？出生在赤貧和無知環境裡的人們，通常有著強烈的傾向，一輩子會生活在赤貧和無知的狀態中。催眠節奏如何能改變這

一切呢？

A：催眠節奏不能改變一個人從出生就繼承下來的生理本質，但是它能緩和、改變、控制一個人的環境影響力，並且發揮永久性的效益。

Q：我所理解的意思是，不論人是自行選擇環境，或是被迫處於環境中，大自然的力量會讓他沾染氣息，並成為環境的一部分。

A：沒錯，但是一個人若不願意接受環境中的影響力，他還是有辦法抗拒這些力量，而且有一套程序法則，可將負面的催眠節奏機制轉換成正面的。

Q：你是說有一套明確的方法，能將催眠節奏變成服務人類的工具，而不是摧毀的武器？

A：正是此意。

Q：告訴我要如何達成這種偉大的目的。

A：如果要從中得到實用的價值，我的敘述會很長，因為我必須先講解心理學中的七條法則。如果想要運用催眠節奏來迫使人生滿足他們的渴望，就必須先了解和活用這七條法則。

Q：那就請把你的敘述分成七個部分，每一個部分專門針對一條法則提出詳細的分析，用簡單的敘述來解釋實際操作方法。

＊＊＊

　　我一直很佩服希爾意念的運作方式。在建立了一個人類不敵自然的悲觀案例後，他現在向所有追求成功的人拋出一條自救繩索，這是本書中重要的轉捩點。他的「七條法則」解放了我的想像力，繼續往下讀時，你的想像力會不會也飛了起來？

＊＊＊

8 明確的目標

outwitting the devil

Q：陛下現在繼續揭露七種原則的祕密，藉由這些原則，人類就能強迫人生提供靈魂、精神和肉體上的自由。

＊＊＊

在本書後半段，希爾討論以下七條法則，來達成靈魂、精神和肉體上的自由。

1. 明確的目標
2. 自控力
3. 從逆境中學習
4. 控制環境影響力（同儕）
5. 時間（穩固正面思維習慣而非負面思維，並培養智慧）
6. 和諧（抱持目標明確的態度，成為自己精神、靈性，和實際環境中的主要影響力）
7. 謹慎（行動前必須三思而後行）

＊＊＊

在描述這些法則時，請不要惜字如金。我要你一五一十的解釋，讓任何人選擇運用這些法則時都能如法炮製。告訴我關於明確的目標這條法則的所有內容。

＊＊＊

訊問者在此氣勢如宏，直攻要害。當機會出現時，我們是否有勇氣抱持明確的目標，積極進攻？

＊＊＊

A：如果你堅持這個瘋狂的想法，真的去出版我們的對話內容，你就會敞開地獄大門，放走過去多少世紀以來，我苦心收集的寶貴靈魂；就連那些尚未出生的靈魂，也被你從我手中搶走。當今世上有千千萬萬受到束縛的人，也被你解放獲得自由。停下來吧，算我求你。

Q：開始招供。我們來聽聽你對明確的目標這個法則有什麼話好說。

A：你這是在地獄的火焰上澆冷水，但是責任在你身上，不干我事。我就老實告訴你，任何人只要在目標和計畫上保持明確，就能迫使人生交出任何他想要的東西。

Q：這個說法非常大膽，陛下。你要不要把話說得婉轉一點？

A：婉轉？不，我希望能更強烈一些。等你聽完我要說的話，你就會明白為什麼明確的目標這麼重要。我的敵人用一個高明的小招數防止我控制人類。我的敵人知道，明確的目標能緊緊關上一個人意念的門，防止我偷偷潛入。不過只要我能引誘人去養成隨波逐流的習慣，那他也沒轍。

Q：為什麼你的敵人不公開你的祕密，告訴全人類要用明確的目標來防範你？你已經承認，每一百個人中有兩個人屬於你的敵人。

A：因為我比我的敵人更狡猾。我用我的保證，引誘人們遠離明確性。你看，我比我的敵人控制更多的人類，因為我是更好的銷售員和業務員。我吸引人類的方法，就是看他們喜歡沈溺於什麼樣的思考習慣中，我就無止盡的餵給他們。

Q：明確目標這種東西是人類天生就有，還是後天養成的？

A：我之前已經告訴過你，明確性是每個人與生俱來的特權，但是每一百個人之中，有九十八個會把這個權利丟在一旁。明確性的特權如果能維持，唯一的辦法就是奉為圭臬，在人生中所有的境遇中都受其指引。

Q：喔，我知道了！人類利用明確性法則的方法，就好比是打造強健體魄一樣——必須要經常性、系統性的運用。對不對？

A：你說得又清楚、又正確。

Q：我覺得我們有一點進展了，陛下。我們終於找到一個起點，讓所有想要主宰自己人生的朋友們從這裡開始。

從你驚人的自白中，我發現你最大的資產就是人類缺乏謹慎，你只要略施小惠，就能把他們引到不明確性的叢林裡。

毫無疑問的，我們學到任何人只要把明確的目標奉為圭臬，並運用在每天日常生活中所有的經驗上，就不會被引誘到養成隨波逐流的習慣中。缺乏隨波逐流這個習慣的大力襄助，你根本沒有能力用任何保證來吸引人類。這是否正確？

A：就連我也無法把事實說得這麼頭頭是道。

Q：現在繼續解釋人類如何透過不明確性和隨波逐流，導致忽略了自己自由和自主的特權。

A：我已經簡單說明過這條法則了，但我現在會描述更精微的細節，講解這條法則的運作方式。

我從人類出生之時開始說起。當一個孩子出生時，除了一個身體之外什麼都沒有，而這個身體是數百萬年來所有祖先的演化結果。

他的意念完全是一張白紙。當這個孩子到達意識的年齡，開始辨認周遭的人、事、物時，他就開始模仿別人。

模仿變成一個固定的習慣，很自然的，孩子最先模仿的對象是父母；然後他開始模仿其他親戚，和日常生活中

接觸往來的對象,包括宗教佈道家和學校老師。

他們模仿的範圍不只是外在行為表現,也包含了思維表現。如果一個孩子的父母怕我,並在孩子的聽力範圍內表達出那份恐懼,那麼透過模仿習慣的運作,他就會納入自己潛意識中,成為信念儲存(stock of beliefs)的一部分。

如果孩子的宗教佈道家表達出恐懼我,不論是哪一種形式(他們全都這樣做,只是人人手法不一),這份恐懼就會增加到他們從父母親身上接收過來的類似恐懼中。於是這兩種形式的負面限制,就被儲存在他的潛意識中。往後在他的人生裡,就會被我利用。

以此類推,一個孩子學習限制思考力量的方式,也是藉由模仿而來。他學會在自己的意念中塞滿了嫉妒、恨意、貪念、情慾、復仇和所有其他負面的思慮脈動,摧毀了一切保持明確的可能性。

然後趁這個時候我就搬進去,引誘孩子開始隨波逐流,接著我用催眠節奏來綑綁他的意念。

Q:我從你的話中學到,你必須在人類年幼時就獲得他們的掌控權,要不然你就完全失去機會,對嗎?

A:我寧願在他們獲得自己意念之前,就先下手為強。一旦人類發現自己意念的強大威力,他就會變得很正面,難以打壓。事實上,人類一旦發現和運用明確性法則之後,我就

無力控制他。

Q：明確性的習慣是防止被你控制的保護措施嗎？

A：不，完全不是。只要一個人完全遵守明確性的規則，他的意念之門就關起來，令我不得而入。只要一個人稍微遲疑、拖延，或在任何事情上目標不明確，就會落入我的掌控中。

***

魔鬼說：「只要一個人稍微遲疑、拖延，或在任何事情上目標不明確，就會落入我的掌控中。」

從魔鬼的這些回答中，作者在形上學和靈性學方面的哲學觀清晰可見。他口中所謂的「明確性」，在今天我們通常稱為意圖（intention），也可說是「目標導向」（goal-driven）或「目的導向」（purpose-driven）。

***

Q：明確性和一個人的物質情況有什麼關聯？我想知道人類是否能運用明確目標獲得力量，卻不會因為補償法則而引來負面力量。

A：你的問題讓我很難回答。因為過去沒有多少人了解，目前在世界上也只有少數人明白，如何運用明確的目標，而不招致補償法則負面的運作。

然後你現在又要強迫我洩漏我最有價值的詭計之一。我只好老實告訴你，所有運用明確的目標而暫時從我手中逃脫的人，最後還是會回到我的勢力範圍中。我召回他們的方法就是，在他們的意念中塞滿對權力的貪婪，和自大表現的愛戴，直到他們掉進侵犯他人權利的習慣中。然後我就介入，透過補償法則，重新擄獲我的受害者。

Q：所以從你的自白中，我明白明確的目標在某種程度上也可能造成危險，因為越明確就越有可能成為一股力量。這是真的嗎？

A：是的，但更重要的是，每條好的法則都會帶來同等危險的種子。

Q：這真是難以置信。舉個例子來說，愛戴真理這種習慣會存在什麼危險？

A：危險存在於「習慣」當中。世上所有的習慣，除了愛戴明確的目標以外，都可能導致隨波逐流的習慣。如果光是愛戴真理，但缺乏相同比例的明確追求真理，那麼這種愛戴很可能和其他「良好意圖」沒什麼差別。而且，你一定知道我是怎麼對待「良好意圖」的。

* * *

「世上所有的習慣，除了愛戴明確的目標以外，都可能導致隨波逐流的習慣。」

＊＊＊

Q：對親友的愛也是危險的嗎？

A：除了熱愛明確目標以外，愛任何人、事、物都可能是危險的。愛是一種心態，它矇蔽理智、破壞意志力、對事實和真理視而不見。

每個有自主性又有自我思考自由的人，都必須謹慎檢視自己的情緒，甚至是表面上和愛相距甚遠的情緒。

你可能感到很吃驚，愛居然是我最有效的誘餌之一。有些人對什麼都免疫，我就用這一招來引領他們進入隨波逐流的習慣裡。

這就是為什麼在我賄賂物的清單上，「愛」排行第一。讓我看一個人最愛什麼，我就知道要用什麼去引誘他隨波逐流，最後用催眠節奏來綑綁他。

我把愛和恐懼結合在一起，就得到了最有效的武器。愛和恐懼對我來說一樣有用，而且兩者皆能導致人類忽略自己心中發展明確性的效果。先讓我控制一個人的恐懼，再告訴我他最愛什麼，那麼這個人基本上就成了我的奴隸。愛和恐懼都是強大效力的情緒力量，其中任何一者都能完全把意志力和理智擱在一旁。只要缺乏意志力和理智，明確目標的背後就失去後盾。

Q：但是陛下，如果人類終其一生都不曾感覺到愛這種情緒，

那他們的人生根本是白活了。

A：哈！你的剖析是對的，但是你忽略了一個要點──愛必須隨時受到人類明確的控制。

當然，愛是很令人嚮往的一種心態，但是它也能姑息養奸，導致限制或摧毀理智和意志力。人類如果想要自由和自主，就必須把理智和意志力放在最重要的地位，甚至高於愛。

Q：我明白你的意思，獲得力量的人必須嚴格把關自己的情緒，掌握恐懼並抑制愛。正確嗎？

A：獲得並維持權力的人，必須在所有的念頭和行為上都保持明確。如果你認為這是嚴格，那他們得在情緒上自律甚嚴。

Q：讓我們來審視在人生中，日常生活的每一件事上，明確性的優勢來源為何。明確的執行一個很弱的計畫，或不明確的執行一個很強的計畫。哪一個比較容易成功？

A：弱的計畫如果受到明確執行，也會變強。

Q：你的意思是，不管是什麼樣的計畫，只要有明確的目標，加上持續明確性的執行就會成功，即使這個計畫並不是最好的？

A：是的，那正是我的意思。明確的目標加上明確的計畫，通常都能成功達到目的，不管計畫本身有多麼弱。健全計畫和不健全計畫之間最大的差別，是透過明確的執行後，健

全計畫的實施速度會比較快。

Q：換句話說，如果一個人不能永遠是對的，至少他要能永遠明確？這是你想要表達的嗎？

A：沒錯。在計畫和目標雙方面都明確的人，絕不會接受暫時性的挫敗，而會激發出更多的努力。你可以自己判斷，有這種決策力的人最後一定會勝利，只要他從頭到尾貫徹明確性。

Q：一個人以明確性來執行計畫和目的，就能保證成功？

A：不是，就連最好的計畫有時也會落空，但是以明確性行事的人，會辨認出暫時性挫敗和失敗之間最大的差別。當計畫失敗時，他會找出替代方案，但是他不會改變目標。他用毅力堅持下去。最後，他會找到成功的計畫。

* * *

「以明確性行事的人會辨認出暫時性挫敗和失敗之間最大的差別。當計畫失敗時，他會找出替代方案，但是他不會改變目標。他用毅力堅持下去。」

* * *

Q：一個基於不道德或不公義的計畫，和一個受到強烈道德和公義驅使的計畫，兩者成功的速度是否一樣快？

A：透過補償法則的運作，人類種下的是什麼因，就收什麼

果。基於不公義或不道德動機的計畫，也許能得到暫時性的成功，但要想獲得長久性的成功，必須加入另一個考慮因素——第四度空間，也就是時間。

時間是不道德和不公義的敵人，是道德和公義的朋友。世界上年輕的一代就是因為不明白這個事實，才會有一波又一波的犯罪行為。

年輕沒有經驗的意念，很容易把暫時性的成功看為永久性的成功。年輕人犯下錯誤，用不道德、不正當的計畫，貪圖一時的獲利，但是就像白天過後夜晚一定會降臨，他們忽略了往前看，未注意到未來有什麼懲罰在等待著他。

9 教育與宗教

Q：這是很深奧的主題，陛下。我們再回到比較輕鬆和具體的議題，大部分人可能會比較感興趣的事情上。我有興趣多討論讓人快樂或悲慘、富有或貧窮、生病或健康的各種事物。簡單的來說，我有興趣的是，在人類努力奮鬥之後，有助於他強迫人生支付滿意報酬的事物。

A：很好，我們保持明確。

Q：你聽懂我的意思了。陛下講話的時候總有偏離主題的傾向，去談論抽象的細節。我想大部分人既不明白這些事，也不會用來解決實際問題。這個現象搞不好是你的明確計畫，想用不明確的答案來回答我的問題？如果這是你的計畫，這種奸詐的伎倆是不管用的。現在繼續告訴我，人類從種下不明確種子後，直接收穫的悲慘和失敗。

A：要不這樣吧！乾脆讓我來告訴你，那些懂得利用明確法則的人，會獲得什麼樣的樂趣和成功，好嗎？

Q：我發現，有時候人們雖然抱持著明確計畫和目標，但從人生得到他們想要的之後，才發現不是自己真正想得到的。那怎麼辦？

A：一般說來，同一條法則既能用來得到想要的事物，也能用來去除不想要的。一個充滿全然安心感、滿足感和幸福感的人生，一定能剔除不想要的事物。被不想要的事物所煩惱，甚至屈服的人，也就是不明確；他是隨波逐流者。

＊＊＊

「一個充滿全然安心感、滿足感和幸福感的人生，一定能剔除不想要的事物。」

我們之中有多少人是真正的滿足？在這個世界上，有多少人試著「不落人後」，我們是否在這裡學到寶貴的教訓？在你的人生當中，是否有一些應該剔除的事情？下定決心，下次當你煩惱時，要及時阻止自己⋯⋯記得魔鬼的話，「被不想要的事物所煩惱，甚至屈服的人，也就是不明確；他是隨波逐流者。」

＊＊＊

Q：那麼已經不再需要彼此的已婚者呢？他們應該分開，還是婚姻是天註定，既然雙方簽下契約就要永遠被綁死，就算這份婚姻已經證明對雙方都有壞處。

A：首先，讓我更正這句古老的諺語——姻緣天註定。我倒是

知道，有些姻緣是在我這邊撮合的。無法和諧共存的意念，本來就不應該被強迫到一樁婚姻裡，或是其他任何人際關係中。兩個意念中的摩擦或任何形式的爭吵，免不了導致隨波逐流的習慣，當然也導致不明確性。

Q：有的時候，人們因為責任而存留在某種關係中，這樣的情況下是否不利他們從人生中得到想要的事物？

A：責任是世上最常被濫用和誤解的名詞之一。每個人最首要的責任是對自己，每個人都有義務需找到充實而快樂的人生。人在滿足了自己的慾望之後，如果還有多餘的時間和精力，才能承擔幫助別人的責任。

＊＊＊

「每個人最首要的責任是對自己，每個人都有義務需找到充實而快樂的人生。」

當然，雖然魔鬼必須要正確回答問題，但他還是從魔鬼的觀點來回答。在這個議題上，德蕾莎修女（Mother Teresa）或甘地（Gandhi）可能會有非常不同的見解，他們一生都在服務他人中度過。你的感覺呢？你是否把尋找充實和快樂人生當作生命中的第一要務？有人主張，如果你要真心服務別人，必須先把自己照顧好。你同意這種觀點嗎？那麼有沒有可能，德蕾莎修女和甘地——透過服務他人——已經找到他們充實和快樂的人生？

＊＊＊

Q：這不是一種自私的態度嗎？自私不也是導致無法找到快樂的原因之一嗎？

A：我堅持這句話——人除了自己以外，沒有更高的責任。

Q：父母給了孩子生命，又在孩子們年幼時供給他們一切所需，那麼孩子是否對父母有責任呢？

A：完全不是，完全相反。父母對孩子有絕對的責任，要教導他們知識。如果超過這個界線，父母時常寵壞孩子，而不是幫助他們。一種錯誤的責任感會誘使他們溺愛孩子，完全不要求孩子主動去尋求和獲得第一手知識。

Q：我明白你的意思，你的理論是幫青少年太多忙時，反而會鼓勵他去隨波逐流，在所有的事上都不明確。你相信「必要性」（necessity）是一個偉大又睿智的老師，挫折帶來同等的優勢，不勞而獲的禮物可能會成為詛咒而不是祝福，不論禮物的本質為何。正確嗎？

＊＊＊

希爾說：「不勞而獲的禮物可能會成為詛咒而不是祝福」。當父母努力奮鬥把一切給孩子時，我們是不是在詛咒他們？對於為人父母者，這是一個非常發人深省的想法，也是一個偉大的忠告。

＊＊＊

A：你把我的哲理說得好極了。我的信念並非純理論，而是事

實。

Q：那麼你並不主張禱告是一種獲得渴望結果的手段，是嗎？

A：完全相反，我完全贊同祈禱，但並不是那種空洞、哀求和無意義的話。我最沒有抗拒力的祈禱，是那種有明確目標的祈禱。

Q：我從來沒有想過，明確目標可算是種祈禱。怎麼可能呢？

A：以效果來說，明確目標是人類可以依賴的唯一祈禱方式。它把人類送到催眠節奏的管道上，幫助他達成明確目標……只要付諸行動，從無窮智慧的偉大宇宙寶庫中運用即可。如果你想知道怎麼做，只要立下明確的目標，持續不斷的追求，就會成真。

Q：為什麼大多數的祈禱會失敗？

A：他們沒有失敗，所有的祈禱都會帶來結果。

Q：但是你說唯一能依賴的祈禱是有明確目標的禱告，現在你又說所有的祈禱都帶來結果，這是什麼意思呢？

A：這絕無前後矛盾。大多數人總是在所有其他方法都失敗了之後才去祈禱，很自然的他們的意念中已經有了恐懼，擔心祈禱得不到答案。結果，他們的恐懼就成真了。

當一個人抱持著明確的目標，和達成這份目標的信心去祈禱時，自然法則就開始運作，把他的主要意念轉化為同等實體。這就是禱告的機制。

有一種形式的禱告是負面的，所以只會帶來負面的結

果；有一種是正面的，帶來明確正面的結果。有比這簡單明瞭的事嗎？

　　人如果在禱告時抱怨，乞求神為他們所有的麻煩負責任，又要求得到人生中所有必需品和奢侈品，那麼他根本是懶得運用自己的意念，懶得把想要的事物轉化為實體。

　　當你聽到一個人光是倚靠祈禱，而不想努力獲得成果，你就能肯定這是個隨波逐流之人的祈禱。無窮智慧只關照那些明白並適應法則的人，並不以人的品格或人格特質而有差別待遇。這些特質雖然有助於人類在一生中與他人和諧相處，但是回應祈禱的力量，卻不會因為這種外在因素而被感動。大自然的法則是：「知道你想要什麼，來適應我的法則，然後你就會得到。」

＊＊＊

前一段問答的內容，是希爾對宗教組織和個人精神及責任的極致表現。

＊＊＊

Q：這種說法和基督的教義一致嗎？
A：完全一致。也和所有真正偉大哲學家的教義一致。
Q：你的明確性理論，和科學家的理念一致嗎？
A：明確性是科學家和隨波逐流者之間最大的差別。透過明確

的目標和計畫法則,科學家迫使大自然吐露出它最深層的奧祕。透過這條法則,愛迪生發現了留聲機的祕密、白熱燈泡和其他改善人類生活的許多其他發明。

Q:我理解到明確性是地球上所有事物成功的必要條件,是嗎?

A:沒錯!教導人類檢視事實,並用正確的思考導出明確計畫,就是損害我的勢力。如果世界上這種對明確性和知識的渴望繼續延續下去,再過幾個世紀,我的勢力就會分崩瓦解。無知、迷信、偏執和恐懼能助我一臂之力,如果自我思考者有著明確知識,再加上組織良好的明確計畫,那我可招架不住。

Q:你為什麼取代全能者(Omnipotence),用你自己的方式來主宰一切?

A:你乾脆就問:電子中的負極為什麼不接收正極,然後主宰整個電子。答案是,電子能量中的正極和負極都有存在的必要性。雙方彼此制衡,以達到平衡,呈現勢均力敵的狀態。

　　你口中的全能者和我也是一樣。我們分別代表了整個宇宙體制中正面和負面的力量,我們完全達到平衡,制衡彼此。

　　如果這種平衡的力量有了一點轉變,整個宇宙體制就會迅速改變,剩下一大團死寂物質。現在,你知道為什麼

我不能占據全世界，只憑我的意思運作。

Q：如果你說的是真的，那你的力量和全能者不分上下，是不是？

A：是的，我的敵人——你口中的全能者——祂表現的方式是透過大自然中好的、正面的力量。我表達自己的方法是大自然中壞的、負面的力量。好的和壞的必須共存，兩者同樣重要。

Q：這麼說來，宿命論（predestination）是健全的。人類從出生到成功或失敗、悲慘或幸福、好或是壞，他們和這些事情毫無關聯，也無法修正自己的天性。這是你的主張嗎？

A：絕對不是！每個人在自己的思考和行為中，都有很大範圍的選擇。每個人能運用自己的大腦來接受和表達正面的思考，或者他也可以用來表達負面的思考。在這件重要的事情上，他的選擇塑造了他的一生。

Q：從你所說的話中我得到以下結論——人類的表達自由其實多於你和你的敵人，是不是？

A：是的，全能者和我受限於永恆的自然法則，我們表達自己的方式絕不能違反這些不變的法則。

Q：也就是說，人類享有的權利和特權，甚至是超出全能者和魔鬼。這是真的嗎？

A：是的，這是真的，但你還必須補充一句話——人類還沒有完全覺醒，尚未發現這項潛在力量。人類還以為自己是渺

小如土中的蟲子,但事實上他的力量勝過所有其他生物的總和。

Q:明確的目標似乎是解除人類所有惡行的萬靈丹。

A:不是這樣,但是你可以確定的是,沒有明確的目標,就沒有人能培養自決力。

Q:為什麼公立學校沒有教孩子們確立明確的目標呢?

A:因為學校在編輯課程時,背後也缺乏明確的計畫和目標!孩子被送到學校去修學分,學習如何死背,而沒有學到他從人生想要得到什麼。

＊＊＊

魔鬼說:「孩子被送到學校去修學分,學習如何死背,而沒有學到他從人生想要得到什麼。」

我又感到一陣涼意。早在1938年時希爾就提出這樣的警告,但是今天手稿出版時,我們的學校還是在「應付考試」的層次。我有一個提倡「財務教育」的使命,教導年輕人金錢的意義,因為這是一輩子受用不盡的技能。但目前仍有許多學校拒絕我們,因為不符合「測試需求」,因為那才是學校體制考核和接受補助經費的標準。難道現在我們不該再次發出警告嗎?

＊＊＊

Q:如果人不能把在學校學的東西轉化來滿足人生中物質和靈

性上的需求,那麼學分又有什麼用處呢?

A:我只是魔鬼,不是猜謎人!

Q:從你說的話中,我歸納出學校和教會都沒有幫助世上的年輕人,準備在意念中建立一套實用的知識。對人類來說,世界上有比「了解影響自己意念的力量和環境」更重要的事物嗎?

A:對人類來說,唯一有長久價值的事情,就是對自己意念的有效知識。教會不允許人們探討自己意念的潛力,而學校根本不承認有意念這種東西存在。

* * *

為什麼拿破崙・希爾這麼反對當時的教會和盛行的宗教組織呢?我相信他的批評來自於對以下兩種事物不變的熱愛:(1)信仰的真實精神和意義 ;(2)宗教傳統背後的正當性——雖然人類會做出削弱或腐化它們的行為。「釋放你的意念和心靈(靈魂)」,以及「生活在一個時常被邪惡污染的世界中」——如同希爾書中的魔鬼所具體呈現的,人們該如何在兩者之間取得平衡呢?

* * *

Q:你對於學校和教會是不是太嚴厲了?

A:他們的領袖可能會這樣想,但我只對事實感興趣。實際上,如果想知道的話:教會是我最有利的盟友,學校緊跟

在後,排名第二。

Q:你這種說法有什麼確實或普遍的根據?

A:根據就是教會和學校兩者都幫助我,把人類轉化為隨波逐流的產物。

Q:你知不知道這項指控,基本上是全面性的控訴兩個非常重要的機構,人類的文明就是由他們(以目前的體制)所促成的?

A:我知不知道?笑死人了,這可是我的得意之作。如果學校和教會教人類如何自我思考,那我現在會淪落到哪裡去?

Q:你這份自白會讓某些人的理想破滅——以為救贖的唯一希望就在教會手中。這樣做不是對他們很殘忍嗎?大部分人不是寧願在無知中歡樂,也不願知道關於你的真相?

A:你所謂的「救贖」是什麼意思?人類從什麼當中被救出來呢?對人類來說,唯一長久形式的救贖,就是要認清自己意念的力量。人類唯一需要救贖的敵人,就是無知和恐懼。

Q:你似乎不認為有神聖之物?

A:你錯了。我認為有一件事是神聖的,我的主人——我唯一恐懼的事物。

Q:是什麼?

A:以明確目標支撐的獨立思考力量。

Q:那你恐懼的人類為數不多吧?

A：準確的來說，每一百個人中只有兩個，其他都由我控制。

Q：我們暫時不多談教會，回到公立學校上。你之前的招供中清楚的表示，你永續經營的方式，就是靠著高明的技巧，一代接著一代，在孩子們還沒有機會學到怎麼運用自己的意念之前，就先接收他們的意念。

我想要知道，公立學校體制出了什麼問題，居然淪為魔鬼的工具，幫你控制這麼多人。我也想要知道，我們能做什麼事，建立什麼樣的教育體制，確保所有孩子都有機會學習(1)他們有自己的意念；(2)如何運用自己的意念，帶來靈性和經濟自由。

我提出來的問題夠明確了，既然你一直在強調明確的目標之重要性，我現在就警告你，你回答我的問題時必須非常明確。

A：等一等，讓我喘口氣。你給我的這個命令還真不簡單！想起來真奇怪，你居然來問魔鬼，想學習怎麼生活。我覺得這種問題應該去問我的敵人，你為什麼不去問他呢？

Q：陛下，是你在受審，不是我。我只要真理，不在乎從什麼來源取得。學校體制有著徹頭徹尾的錯誤，從人生的帳面上看來是虧損累累。我們好像是在叢林中迷路的動物一樣，在黑暗中摸索著自決力的道路。

我想知道這個體制的兩件事情：第一，這套體制最主要的弱點為何？第二，怎麼改善這項弱點？現在輪到你發

言!但請針對問題回答,不要誘拐我的注意力到那些高深抽象的主題上。這就是明確性,對吧?

A:你讓我毫無選擇,只能直接的回答。首先,公立學校體制管理教育的角度有錯。學校體制全力教孩子死背知識,不教他們怎麼運用自己的意念。

Q:體制只有這個錯誤嗎?

A:不,這只是開始。學校體制的另一個主要弱點是,他們不教孩子立下明確目標的重要性,也不教孩子在任何事情上要實事求是。

　　學校的主要目標是強迫學生在記憶中塞進知識,不教他們如何組織和活用知識。

　　這種填鴨式的體制,讓學生的注意力全集中在累積「學分」,但是忽略了重要的問題——如何在實際生活中活用知識。從這個體制中訓練出來的學生,大名雖然印在羊皮紙證書上,但意念中卻缺乏自決力。學校體制一開始就走錯路,學校原本是「高等教育」的機構,專門為少數富裕或顯赫人家提供教育。

　　因此整個學校體制發展的過程就是從頂端開始,然後往下直到社會階層底部。難怪這套體制不教學生立下明確目標的重要性,因為連體制本身都是在不明確的機制下運作。

Q:公立學校的這項弱點有什麼改正方法呢?除非我們有實用

的改正方案，否則就不要抱怨體制的弱點。換句話說，我們必須要以身作則，非常明確。

A：你要不要少點名學校和教會，幫自己省掉一大堆的麻煩？你難道不知道，你在干涉這兩種控制世界的力量？假設你揭露了學校和教會，證明它們既軟弱又無法滿足人類需求，那又如何呢？你難道能替換掉這兩大機構嗎？

Q：不要規避這個問題，這種用問題來回答問題的招數是老套了！我並不主張要替換學校和教會。但是如果可以的話，我主張找出方法，讓這些組織化的力量能自我提升，才能真正服務人群，而不是把他們留在無知當中。現在開始，給我一份詳細清單，公立學校體制中有哪些該力求改變和進步之處。

A：所以你想要整份清單，是吧？你想要以改革的重要性來排列順序嗎？

* * *

提問者在此又再次強迫魔鬼跨出自己的舒適圈（comfort zone）。看到這段問答真是既有趣又有啟發性。這一段說明了公立學校應有的改進之處。

* * *

Q：你想到什麼該改進的就描述出來。

A：你根本是強迫我背叛我自己，但是清單如下：

反轉目前的體制，老師不要遵守傳統的規定，只顧著傳授抽象的知識，應該給孩子權力，領導自己的學業。讓老師變成學生，讓學生來當老師。

盡可能的，在編排課程時要用明確的方法，確定學生能藉著動手做而學習；在分派工作時，讓每個學生負責某種形式的實際操作，要與日常生活中的問題息息相關。

想法是所有人類成就的開端。教導所有的學生如何辨識實用的想法，以達成人生中的目標。

教導學生如何安排和善用時間，最重要的是要教他們時間是人類最寶貴的資產，也是最廉價的。

教導學生人類最基本的動機，顯示人類如何受這些動機所影響，以及如何運用這些動機，取得人生中的必需品和奢侈品。

教導學生該吃什麼、該吃多少，以及合宜飲食和健全身體之間的關係。

教導學生性慾的真實本質和作用，最重要的是教他們把這股情緒轉化為驅動力，把自己帶到偉大成就的高處。

教導孩子在所有的事情上都要明確，就從選擇人生主要的目標開始！

教導孩子辨認好習慣和壞習慣的本質和潛力，生動的描述大人、小孩日常生活經驗中的主題。

教導孩子習慣是經由催眠法則固定下來的,在低年級時就教導他們建立可以獨立思考的習慣!

教導孩子暫時性的挫敗和失敗之間的差別,教他們如何在挫敗中尋找同等優勢的種子。

教導孩子自在的表達自己的想法,對於其他人的想法也能任意的接受或拒絕,保留權力,仰賴自己的判斷力。

教導孩子快速的作決定,如果需要改變的話,則緩慢且勉強的改變;如果沒有明確的原因,則絕不改變。

教導孩子人類的大腦是接收從大自然偉大寶庫放出能量的工具,這種能量專門轉化為明確思考。大腦本身並不思考,而是一種傳譯的工具,把導致思考的刺激轉換為思想。

教導孩子在意念中保持和諧的價值,唯有透過自制力才能達成這個目標。

教導孩子自制力的本質和價值。

教導孩子一條「報酬遞增法則」(law of increasing returns)。應該身體力行這條法則,當成一種習慣,在期待別人替我們服務之前,先投入更多、更好的服務。

教導孩子黃金法則的真正本質,最重要的是讓他們親眼見證,這條法則運作時,他們對待別人的態度和方式,也會回饋到他們自己身上。

教導孩子除非是從事實和信念中產生的事實,否則不

要有任何看法。

教導孩子煙、酒、毒品和過度縱慾會摧毀人類的意志力,也會導致隨波逐流的習慣。不要禁止這些惡行,只要好好解釋。

教導孩子如果只因為家長、牧師或其他人說什麼,他們就相信,這是危險的。

教導孩子面對事實,不論是容易或難以面對的,絕不訴諸託辭或尋找藉口。

教導孩子並鼓勵他們運用自己的第六感,當心中出現一些來源不明的想法時,要小心翼翼的檢視這類想法。

教導孩子補償法則的重要性,並研讀拉爾夫·泛爾多·愛默生（Ralph Waldo Emerson）對補償法則的見解,讓他們親身體驗法則如何在每天日常生活的瑣事中運作。

教導孩子用明確的計畫來支持明確的目標,並持之以恆的實踐,這是人類最有效的禱告形式。

教導孩子他們在世界上佔據的空間大小,是以他們對世界貢獻的品質和數量來衡量。

教導孩子世界上沒有任何問題缺乏合適的解決方法,通常解決的方法存在於造成問題的情況中。

教導孩子他們真正的限制是他們自己設下的,或者允許別人在他們心中建立的。

教導孩子人類只要想得出來並真心相信的事,全都能

成真。

教導孩子學校和教科書只是初步發展他們意念的工具，真正有價值的唯一學校是人生大學（University of Life），在這裡人們有從經驗中學習的特權。

教導孩子永遠要對自己真實，而且因為他們不能讓每個人都滿意，所以努力的讓自己滿意。

Q：這份清單真是壯觀，但是顯然現在在公立學校中教的每一門課都不在上面。這是故意的嗎？

A：是的，你要我給一份公立學校課程需要改變的清單，而且要對學生有益，我就把這份清單給你了。

Q：你建議做出的某些改變非常不落俗套，我想今天某些教育家可能會很吃驚，是不是？

A：今天大部分的教育家都需要受點驚嚇。因為習慣使然而萎縮的大腦，需要好好的震撼一下，才有助於恢復。

Q：你建議公立學校所做的改變，能幫助孩子產生對隨波逐流的免疫力嗎？

A：是的。這只是改變帶來的結果之一，還有其他更多結果。

* * *

我不能說自己完全同意魔鬼清單上的每一項。但是當我停下來分析他的建議清單時，我的意念中出現這個問題：我們的學校難道不該教這些嗎？連魔鬼都知道，我們不會知道嗎？

我真希望當時希爾多問一個問題:為什麼我們的學校會變成這樣,為什麼沒有變成另一個樣子?設計學校體制的偉大學者們,一定了解魔鬼建議事項中的某些要點。為什麼這些事情不存在於學校體制中?為什麼今天我們的義務教育體制會偏離原有目標十萬八千里?不過魔鬼也說,學校體制是創造和維持龐大數量隨波逐流者的工具。這是原因嗎?

* * *

Q:這些建議事項該怎麼融入公立學校體制中呢?當然,我知道要把新的觀念放到教育者的腦袋有多困難,絕對不亞於要求宗教佈道家提起興致來改革宗教,幫助人們從人生中獲得更多益處。

* * *

如果你曾經嘗試過在公立學校體制中作些改變,那麼你現在大概正在點頭。

* * *

A:迫使公立學校接受新觀念最快和最好的方法,就是先在私立學校中提倡這些觀念;等到需求建立起來後,公立學校的官員們就會不得不採用這些觀念。

Q:公立學校體制還需要做出其他改變嗎?

A：是的，還有很多。公立學校課程計畫還需要改變的，就是要加入一項「人際和諧談判心理學」的課程。所有的孩子都應該學習，如何在最少摩擦中和人生討價還價。

每所公立學校應該教導個人成就法則，幫助學生獲得能達成財務自立的職位。

課堂應該完全廢除，應該用圓桌或採用商業界的會議形式。在無法集體教授的科目上，所有的學生應該得到專屬的特別指導。

每所學校應該有附屬的講師群，由企業家和專業人士、科學家、藝術家、工程師和記者等組成，每個人向所有學生傳授自己事業、行業或專業的實用知識。這種教學法應該由會議形式來進行，才能節省講師的時間。

Q：你建議的是，直接由各行各業的源頭組成一個附屬教學體制，把人生中實用的知識交給所有的學童。是這樣的概念吧？

A：你說得很正確。

＊＊＊

這個議題我感同深受。我先生回想起在1970年代，當時在紐澤西州（New Jersey）加入一個組織，和其他科學家和商業家組成一個團隊，到公立學校去自願教授基本課程──比如說數學和物理──依照各人的專業領域配課；但卻得到這樣的回答：科學家和商業

家顯然不是專業的教師，學校不歡迎他們。在不久之前，有幾個團體「為美國而教」（Teach for America）、「美國節省」（America Saves）、「夢想實踐家」（Junior Achievement）等有個共同的宗旨，將實用教學帶進學校中，但這類課程仍然被視為補充課程，還無法列入核心課程當中。

在義務教育體制中，課程內容、背景、原則和技巧上的各種轉變，都需要納入一套互動、實驗性質的過程中。孩子藉此能決定如何度過人生──他們在這個複雜的世界上，能發揮出什麼樣的影響力。困難之處在於：如何將全部內容結合為一套可行的計畫，有組織、有體制的執行，讓課程變為成功導向，讓所有參與者，不論大人、小孩都感到又有收穫、又充實？我很榮幸的說，我自己和一個團隊已經合作設計出這些課程──他們有著明確的目標，要和這些計畫一同攜手前進。

他們未來的展望──和我們的一樣──是要有這樣的教育體制：形成一股強大的力量，教育出自動自發、具有獨立思考能力、自立自強又對社會有貢獻的菁英分子。更重要的是，教出有能力的下一代，準備好在一個複雜的世界中生存，活出成功的人生，在強化自己和他人時感到快樂，在這個世界上做出真正又長久的貢獻，成為有責任感又熱切參與的世界公民，個個有著明確的目標！

＊＊＊

Q：我們先暫時放下公立學校體制，回去談論教會。我這一輩

子都聽到牧師們傳道，勸人不要犯罪，又警告罪人要當心並悔改，才能被拯救；但是我從來沒聽過任何牧師講解「罪」到底是什麼。你可以針對這個議題給我灌輸知識嗎？

A：罪惡是任何做了或想了之後，會讓人不快樂的事物！有健全生理和靈性健康的人，應該與自己和平相處並一直處於快樂中。任何精神或生理痛苦皆表示有罪的存在。

Q：請列出罪惡的常見形式。

A：飲食過量是一種罪惡，因為會導致健康問題和痛苦。

過度縱慾是一種罪，因為會導致意志力瓦解，和隨波逐流的習慣。

作弊、說謊和偷竊是一種罪，因為這些習慣摧毀自尊心、減弱良心、導致不快樂。

留在無知中也是一種罪惡，因為會導致貧窮和喪失自立能力。

從人生中接受任何不想要的事物也是一種罪惡，因為這表示徹底忽略運用意志的力量。

Q：一輩子隨波逐流，缺乏明確的計畫或目標，也是一種罪惡嗎？

A：是的，因為這種習慣導致並摧毀自決力的權利，也剝奪了一個人運用自己意念的媒介力量，也就是與無窮智慧接軌的特權。

Q：你是罪惡主義的煽動者嗎？

A：是的！我的工作就是要用盡一切方法，來獲得人類意念的掌控權。

Q：如果一個人完全不犯罪，你能控制他的意念嗎？

A：不能，因為那個人不容許自己的意念被任何負面想法佔據。一個人完全不犯罪的話，我根本進不去他的意念，更別提控制了。

Q：所有的罪惡中，最常見又最具毀滅性的是哪個？

A：恐懼和無知。

Q：這份清單上還要加入別的項目嗎？

A：沒有該加的項目。

Q：信念是什麼？

A：是一種心態，人類藉此辨認和運用正面思考的力量，並當成溝通的媒介，隨著自己意願和無窮智慧的宇宙寶庫接軌，並從中汲取資源。

Q：換句話說，信念就是去除所有形式的負面意念。是這個概念嗎？

A：是的，那是另一種描述法。

Q：隨波逐流者有能力運用信念嗎？

A：他可能有能力，但他不運用。每個人都有把意念中的負面想法去除的潛力，讓自己得到信念的力量。

Q：用另一種方式來說，信念是明確目標的後盾，相信可以達

成目標,對不對?

A:完全正確。

＊＊＊

信心是「是一種心態,人類藉此辨認和運用正面思考的力量,並當成溝通的媒介,隨著自己意願和無窮智慧的宇宙寶庫接軌,並從中汲取資源。」

希爾簡潔有力的做出總結:

「信念是明確目標的後盾,相信可以達成目標。」

＊＊＊

10 自制力

outwitting the devil

Q：人們要先做好什麼準備，才能隨時抱持明確的目標而行動？

A：人們必須先獲得自我掌控權，這是七條法則中的第二條。人們若不能掌握自己，就永遠不能掌握別人。缺乏自我掌握的本質，就是最具毀滅的不確定性。

＊＊＊

「人們若不能掌握自己，就永遠不能掌握別人。」

這句話多麼正確！想一想所有身敗名裂的政治家，都是因為控制不了自己的行為才一落千丈。那我們又怎能信任他們來控制我們呢？

＊＊＊

Q：控制自己應從哪裡著手？

A：從三種人類最難以自制的慾望開始。這三種慾望為：(1)對

201

食物的慾望；(2)對性的慾望；(3)發表組織鬆散意念的慾望。

Q：人類還有其他需要控制的慾望嗎？

A：是的，有很多，但這三種必須先被征服。人們一旦成為這三種慾望的主人，他就已經發展出足夠的自制力，能輕易征服其他次要的慾望。

Q：但是這些都是自然慾望。如果不滿足這些慾望，人類就不會健康和快樂。

A：它們都是自然慾望沒錯，但同時也具有危險性，因為不能掌握自己的人會過份滿足餵食這些慾望。自我掌控力會適當的控制這些慾望，只給予足夠的份量，多餘的就會阻擋下來。

Q：你的觀點又有趣，又富有教育性。請詳細說明，我才能明白在哪些情況下，人類如何過份滿足這些慾望。

A：以食物的慾望來說，大多數人的自制力非常薄弱。因此他們在胃裡塞進各種油膩食物，雖然滿足了味蕾，但卻給消化和排泄系統過量的負擔。

他們吃下肚子的食物份量和種類都過多，身體的化學反應唯一能代謝的方式，就是把這些食物轉化成致命的毒素。

這些毒素堵塞並遲鈍身體的排泄系統，減緩排除廢物的速度。過了一段時間以後，排泄系統就完全停止作用，

然後受害者就出現了「便秘」的症狀。

這時他得上醫院去。自體中毒（auto-intoxication）或生理排泄器官中毒會癱瘓大腦運轉機制，使之成為一坨漿糊。

然後受害者就會行動遲緩、脾氣暴躁又易怒。如果他好好地檢視自己的排泄系統，聞一聞那種惡臭，他會羞愧到無顏面對自己。

都市的下水道過度擁擠或堵塞時，是臭到令人作嘔的地方；同樣的，當一個人的腸道擁擠或堵塞時，相較之下都市下水道還比較清新。雖然吃這件事是愉快又必要，但過量飲食和錯誤的食物組合就是邪惡，既會導致自體中毒，也會落到非常不堪的下場。

正確飲食的人們排泄系統乾淨，而且阻礙我的發展。因為乾淨的排泄系統，通常等於健全的身體和正常運作的大腦。

想像一下——如果你的想像力夠豐富——如果一個人的排泄系統中充斥著毒素，而且這些毒素直接注射到血液中，足以毒死一百個人。這樣的人怎能抱持著明確的目標行動呢？

* * *

在此，希爾又再度超前他的時代。科學後來才追上希爾——甚

至超越他對於生理機能的直覺，破解出生理健康和精神、情緒健康之間的關聯。

＊＊＊

Q：這些問題全起因於缺乏對食物慾望的控制嗎？

A：如果你想要百分之百正確，你應該說，不恰當的飲食習慣必須為絕大部分的生理疾病和所有的頭痛負責。

如果你想要取得證明，挑選一百個患有頭痛症的患者，給他們每個人高劑量的灌腸，把他們的排泄道徹底清洗一次，你會發現有百分之九十五的頭痛，在灌腸完畢的幾分鐘內全都消失無蹤。

Q：從你對腸道的見解來看，我得到這個結論：掌握對食物的生理慾望，同時也掌握了忽視腸道潔淨的習慣。

A：是的，你說得對。排除身體廢物和未消化食物，這與正確飲食份量和組合是同等重要的。

Q：我從來沒想過，自體中毒是你用來控制人類的工具之一，我很震驚有多少人淪為這種微妙敵人的受害者。我們來聽聽你對其他兩種慾望的見解。

A：好，來談談對性的慾望。這種力量讓我掌握各種強弱、老幼、無知和有智慧的人。事實上，所有忽視掌握性慾的人，全都被我一手掌握。

Q：人類要如何掌握性慾這種情結呢？

A：過程很簡單，只要把性交的情緒轉化為其他形式的活動。性慾是人類最偉大的原動力之一。正因為如此，這也是最危險的力量之一。如果人類能控制自己的性慾，轉變成一股驅動力，拿來幫助他們達成工作上的目標——也就是說，如果他們把浪費在追求性交的一半時間拿來工作，他們就不會嘗到貧窮的滋味。

Q：我感覺你在暗示性慾和貧窮之間有某種關係？

A：是的，如果性慾不受到明確控制的話。如果任由性慾自然發展，就會迅速將人類帶到隨波逐流的習慣上。

Q：在性慾和領導能力之間有沒有關係呢？

A：有的，所有各行各業中的偉大領導者都有高度的性慾，但是他們養成習慣控制自己的性慾，轉化成他們職場背後的一股驅動力。

Q：過度縱慾的習慣，是否和吸毒或喝酒的習慣一樣危險？

A：這些習慣之間沒有差別，全都會導致隨波逐流的習慣，導致受催眠節奏控制。

Q：為什麼全世界都把性看作是下流的事呢？

A：因為人們濫用這種情緒，才顯得下流。性本身並不下流，下流的是那些忽視或拒絕控制（引導）的人。

Q：你說法的意思是，人們不該沈溺在性慾之中？

A：不，我的意思是性慾就像是人類的其他力量一樣，應該被了解、掌握，且為人類服務。對性的渴望就像對食物的渴

望一樣自然。就如同人類不能完全停止河水的流動，這種渴望也無法完全被扼殺。如果性這種情緒完全從自然表現中被排除，會自行從其他較次級的形式尋求發洩；就像人類在河流上築水壩時，水流會被打散，繞過水壩而流動。有自制力的人了解性的情緒，尊重並學習去控制，再將之轉化為正面的活動。

Q：過度縱慾有哪些壞處呢？

A：最大的壞處是，耗盡人類最偉大的推動力資源，浪費人創造的能量，這只有百害而無一利。

性是大自然最有效的療癒力量，若過度縱慾大自然維持生理健康所需的能量會消耗殆盡。人類個性中有吸引力和令人喜歡的特質會消失，因為這股磁性力量的來源受損。

人們眼中的光芒會黯淡失色，在聲調中會有爭吵的語氣。

熱忱會被摧毀，進取心會減弱，並且無可避免的導致在每件事情上都隨波逐流。

Q：我想要你用另一種方式來回答我的問題。如果成功的掌握和轉化性慾這種情緒，能夠達成哪些好處呢？

A：妥善控制性慾將增加人與人之間互相吸引的磁力，這是有沒有人緣的最重要因素。

人講話時的語氣會有更高的品質，並且成功表達任何

渴望的情感。

人們的渴望會得到無可取代的原動力。

人類神經系統中，維持身體機能的所需能量會隨時得到補充。

想像力會增強，能創造出有用的想法。

生理和心理運作會加快速度並加強明確性。

追求人生主要目標時，會得到耐力和毅力。

所有恐懼的偉大解藥。

從灰心喪志中得到免疫力。

掌握懶惰和拖延的習慣。

在遇到任何形式的反對力量或挫敗時，增強生理和心理的持久力。

在所有自我防禦的情況下，加強戰鬥力。

簡單的來說，能成就贏家，絕不中途放棄。

Q：妥善控制性能量只能得到這些好處嗎？

A：不，這些只是其中比較重要的好處。有些人相信性最偉大的好處是，大自然繁衍所有生物的方法。光是這一點，就足以消除性是下流的想法。

Q：從你所說的話中，我得到這個結論：性這種情緒是一種美德，而不是一種過錯。

A：當妥善的控制和引導，來達成渴望目標時，性就是一種美德。當忽視並縱容淪為色慾的工具時，性就是一種過錯。

Q：為什麼家長和公立學校不教孩子這些真理呢？

A：他們疏忽了這點，是因為他們自己對性的真實本質非常無知。人類要維持健康的身體，就需要了解和妥善運用性的情緒，就像是維持排泄系統乾淨一樣必要。在所有的公立學校和家庭中，只要有小孩的地方，就應該教導這兩種課題。

Q：大部分父母需要先學習如何妥善運用性之後，才能正確教導孩子，是嗎？

A：是的，公立學校的教師也一樣。

Q：人類對於性議題正確知識的需要，你認為重要性有多大？

A：在名單上排行第二。對人類來說，只有另外一件事更重要，那就是正確思考。

＊＊＊

「對人類來說，只有另外一件事更重要，那就是正確思考。」

＊＊＊

Q：我明白你說的，性真正作用的知識和正確思考，是人類最重要的兩件事，對嗎？

A：這就是我要你理解的。正確思考之所以排行第一，因為這是人類所有問題的解答，人類所有禱告的回答、鉅額財富和所有物資財產的來源。正確思考受到妥善控制和引導性

情緒的幫助，因為性情緒和思考是基於相同的能量。

　　人類要先渴望自決力，渴望到願意付出代價。沒有人能完全自由——靈性上、心理上、生理上和情緒上——除非學會正確思考的藝術。沒有人能不先學會如何透過轉化來控制性情緒的資訊，而學會正確思考，這是必要的知識之一。

Q：很多人會相當震驚，原來在思考和性情緒之間有這麼密切的關係。現在請告訴我第三種慾望，我們來探討這和自制力有什麼關係。

A：發表組織鬆散意見的習慣是最具有破壞性的習慣之一。它的殺傷力在於人們形成意見、創造想法和組織計畫時，皆會受到其影響。人們往往不去尋找事實真相，光是用猜的。

　　這個習慣導致：跳躍性思考——從一件事突然跳到另一件事上，但是每件事都沒有完成。

　　當然，草率表達意見會導致隨波逐流的習慣。到這個地步時，人類距離被催眠節奏所綑綁，也只剩下一、兩步了。很自然的他無法正確思考。

＊＊＊

「發表組織鬆散意見的習慣是最具有破壞性的習慣之一。」

＊＊＊

Q：草率發表意見還有哪些壞處呢？

A：話說得太多的人，把自己的目標和計畫都洩漏給全世界，因此讓別人有機會從他的想法中得利。明智的人不會輕易洩漏計畫，並克制自己任意表達意見。這能有效防止別人竊取他們的想法，別人也很難妨礙他的計畫。

Q：為什麼有這麼多人沈溺在草率表達意見的習慣中呢？

A：這種習慣是表達自大心理和虛榮心的方式。人類天生就有自我表達的渴望。這種習慣的背後原因是想要吸引其他人的注意力，想要在別人心目中留下好印象。其實這會得到反效果，自顧自的表達意見，所得到的通常是負面的注意力。

Q：是的，這個習慣還有其他哪些壞處？

A：堅持要發言的人，很少有機會傾聽並從他人身上學習。

Q：但是有吸引力的演說家通常不都是辯才無礙，吸引他人注意，然後邁向機會的道路，並從中得利嗎？

A：是的，有吸引力的雄辯家這種用口才來取悅群眾的資產，具有強大的價值。但是如果他在不受邀請的狀態下，強迫別人聽他發表意見，他就無法把這項資產發揮出最好的效益。

人類個性中最好的特質，莫過於能用情感、力量、說服力來說話的能力，但他也不能在未受邀請之下，強迫別人聽其演說。有句古老諺語說：「沒有物超所值」。這句

話除了運用在所有的有形事物上,也適用於未經邀請的免費意見。

Q:那麼如果人們用書寫的方式來自行發表意見呢?他們是否也有缺乏自制的問題?

A:世上最討人厭的,就是那些寫信給名人的無聊人士。舉凡政府官員、電影明星、商業鉅子、暢銷書作者,或是名字時常出現在報紙上的公眾人物,時常被這種愛寫信表達個人意見的人疲勞轟炸。

Q:但是寫這種信函,是用來表達自我的樂趣,基本上是個無傷大雅的方式,不是嗎?這種習慣有什麼壞處?

＊＊＊

請記得拿破崙‧希爾寫這份手稿時,信件是當時唯一書寫溝通的管道。你繼續往下讀時,想一想他的想法要如何運用在今天這種部落格和社群網站盛行的時代。

＊＊＊

A:習慣有傳染性。每一種習慣都會招引來一大群的親戚,無意義行為的習慣導致其他無意義行為習慣的養成,特別是隨波逐流的習慣。

況且未經允許就自我表達意見這種習慣的危險性還不止於此。這種習慣樹立敵人,給了敵人危險的武器,用來

嚴重傷害這種習慣的受害者。竊賊、騙徒和歹徒花大錢來收購寫這種信函的人之名字及地址，知道寫這種信的人很容易淪為各種詐騙手法的受害者，使其平白喪失金錢。有些人把這種信的筆者叫作「瘋子」。如果你想要知道寫這種未經允許信函的人有多可笑，就去讀任何報紙的「瘋子論壇」──報社刊登讀者投書發表意見的專欄──你就能親眼見證這種信的作者如何讓人大為光火，並引來其他人的反對。

Q：我從來不知道，陛下，人們未經允許發表自己意見竟會引來這麼多麻煩。但是既然你提出了這個議題，我記得曾經寫過一封未經允許的批評信件，給一個大雜誌社主編。原本我希望他能聘請我為他做事，謀得高薪職位和優渥的薪水，結果落得兩頭空。

A：這是個完美的例子，開始實施自制力的最佳之處，就是從你自身做起。實施的方法是辨認真理──在無垠的宇宙中，除了自然法則的力量之外，沒有所謂為善或為惡的區別。在無垠的宇宙中，除了大自然和人類自己本身，也沒有任何一種人格特質絲毫有左右人類的力量。

　　現在沒有一位活著的人有權力或力量剝奪另一個人與生俱來的自由和獨立思考之特權，過去沒有，將來也不會有。這份特權是人類唯一能夠完全控制的能力。每一位成人都擁有思考自由的權利，但是大部分人卻喪失這種權利

帶來的好處,因為他們疏忽了,或因為他們在懂事的年齡之前,就已經被父母或宗教佈道家奪走了。這些是不證自明的真理,出處來源並不重要,並不因為是從我的敵人口中告訴你的,或是從我魔鬼口中說出的,就有損其重要性。

＊＊＊

希爾區別了兩個概念:獨立思考的權利和不被允許而發表的想法。在今天部落格和社群媒體盛行的世界,你又會怎麼運用這條法則呢?

＊＊＊

Q:但是在遇到緊急狀態時,人們不知道向哪裡或向誰求助之際,應該依賴什麼呢?

A:讓他們依賴人類唯一可靠的力量。

Q:是什麼力量?

A:他們自己!他們自己意念的力量。他們唯一能控制和依賴的力量。唯一不可能被不誠實的人類同胞所曲解、渲染、竄改或偽造的一切力量。

＊＊＊

「人類唯一可靠的力量⋯⋯他們自己意念的力量。他們唯一能

控制和依賴的力量」

你也許不能控制其他人……但你能控制自己對他們或他們行為的反應。這件事說起來簡單，做起來卻不容易。我們通常會傾向於改變他人，但是我們真正能改變的是自己，和對其他人的反應。

＊＊＊

Q：你說的都很有邏輯，但為什麼我必須跟魔鬼對話才能發現這麼深奧的真理呢？我們再回到七條法則上。你已經透露足夠的資訊，清楚的表示如何打破催眠節奏的祕密，就藏在這七條法則中。你也已經顯示這些法則中的前五條，解釋它們在給予人類自制力上扮演什麼角色。

A：首先，讓我針對已經自白的內容做個總結。

我已經明白的告訴你，我用來掌握人類最有效的兩種工具，就是隨波逐流的習慣和催眠節奏法則。我已經證明，隨波逐流不是一種自然法則，而是一種人造的習慣，會導致人類屈服於催眠節奏法則。

這七條法則就是人類得以破除催眠節奏的媒介，並且也能藉此重新奪回自己的意念。你看，這七條法則其實是救出催眠節奏受害者，從他們自己自建的監獄中釋放出來的七個步驟。

Q：這七條法則就是萬能鑰匙，能打開通往靈性、心理和經濟自決之門？是真的嗎？

A：是的,那是真理的另一種描述。

11 從逆境中學習

outwitting the devil

Q：失敗對人類是否有益？

A：是的。從逆境中學習是七條法則中的第三條。但是很少人知道，每次的逆境都帶來同等優勢的種子；更少人知道暫時性挫敗和失敗之間的關聯。這類知識一旦普及的話，我就會失去控制人類最強大的武器之一。

Q：但我理解你說失敗是你最偉大的盟友之一。我從你先前的自白中得到這個印象——失敗導致人類喪失進取心、停止嘗試，在他們毫不掙扎之下，你就能不費吹灰之力的奪走他們。

A：這就是重點。在他們停止嘗試之後，我才能接收他們。如果他們知道暫時性挫敗和失敗之間的差別，在遭遇到人生的反對力量時就不會輕言放棄。如果他們知道每一種形式的挫敗和失敗都蘊藏著機會的種子，他們就會繼續奮鬥下去，贏得勝利。成功通常距離人們放棄奮鬥的地方，只差

一小步的距離。

Q：人類從逆境、挫敗和失敗中，只能學到這些嗎？

A：不，這是他們所學到的最基本教訓。我實在不想告訴你，但是失敗通常是「塞翁失馬，焉知非福」，因為他們打破催眠節奏的箝制，讓意志得到自由，得以重新整裝出發。

Q：現在我們有點進展了。所以你終於坦承，連大自然的催眠節奏法則都能被大自然本身所消除，是這樣嗎？

A：不是，這樣解釋不太正確。大自然絕對不會逆轉自己的法則。大自然不會用催眠節奏來奪走人類的意念自由。人類因為濫用這條法則，而主動放棄自己的自由。如果一個人從樹上跳下來，藉由地心引力法則，使身體受到強大的撞擊而死亡，你不能說是大自然謀殺了他，是吧？你會說這個人忽略了他和地心引力法則之間的正確關係。

Q：我開始懂了。催眠節奏法則有負面和正面雙重運作的能力。人類可能因為喪失思考自由，而淪為他的奴隸；也有可能運用思考自由，而藉助這個力量攀升到成就的高峰，完全端看人類如何運用他本身和法則之間的關係。正確嗎？

A：你說得對。

Q：但是失敗呢？人類不會蓄意或預謀失敗，沒有人會鼓勵暫時性的挫敗，這些情況通常都超出人類的控制。所以你怎麼能說當失敗摧毀進取心、意志力、自信心等重新開始所

需要的條件時,大自然沒有奪走人類的自由?

A:失敗是一種人造的情況。直到人類接受永久性的失敗之前,它都不是真的。用另一個角度來說,失敗是一種心態,因此人類可以自行控制,除非他忽略了運用這份特權。大自然不會強迫人們失敗,但是大自然會強迫催眠節奏法則必須運作在每個意念上,透過這條法則,佔據思緒的主要意念就會永久固定下來。

換句話說,如果人類接受任何情況為永久性的失敗,催眠節奏法則就會接收失敗的意念,永久固定下來。反之,同一條法則也適用於成功的意念,永久固定下來。

* * *

「失敗是一種心態,因此人類可以自行控制,除非他忽略了運用這份特權。」

這是真的嗎?希爾有沒有說服你相信「失敗是一種人造的情況」?我認為他的說法令人心服口服。如果我仔細審視自己的人生——我自己在商界的成功和失敗、錯誤和失誤——我能不能說除了自己之外,別人也有責任?你在審視自己人生的經驗時,會得到不同的結果嗎?希爾幫助我用完全不同的價值觀來看待失敗⋯⋯

* * *

Q:那麼,當催眠節奏法則牢牢的綁住人類的意念之後,失敗

又扮演了什麼角色？如何助人一臂之力，打破這條法則的箝制呢？

A：失敗來到頂點時，人類因此得到從意念中去除恐懼的特權，朝著另一個方向重新出發。失敗有效證明人類不斷努力追求的目標和計畫有錯誤。失敗是人類習慣的死胡同，當無路可走時，失敗就會強迫人離開那條路，走上另一條道路，因此創造出一種新的節奏。

但是失敗的功效還不止於此。失敗給了人類一種自我測試的機會，能使人們發現自己擁有多少意志力。失敗也使人們學到許多真理，只有在嘗到失敗之後才能真正體會。失敗通常讓人類明白自制力有多麼強大，如果缺乏自制力的話，在淪為催眠節奏的受害者之後，就沒有人能逃脫了。那些在各行各業中出人頭地的成功人士，如果你仔細觀察他們的成功，通常和挫敗的經歷有著精準的比例。

＊＊＊

「失敗來到頂點時，人類因此得到從意念中去除恐懼的特權，朝著另一個方向重新出發。」

＊＊＊

Q：失敗的優勢只有這些嗎？

A：不，我才剛剛開始。如果你想知道逆境、失敗、挫敗和其

他打破人類習慣,強迫建立新習慣的真正重要性,就好好觀察大自然運作的方式。大自然用疾病來打破身體的生理節奏,因為細胞和器官彼此之間的關聯出了差錯。當大量的人群彼此的關聯有誤時——透過商業、社會和政治活動等,大自然就用經濟不景氣來打破集體思考節奏。當人類和自己的意念連接失敗時,大自然便用失敗來打破負面思考節奏。

　　仔細的觀察,你會看到在大自然中,自然法則永遠不停的運用,所有的物質、能量和思考能力都在不停的改變。在宇宙中,唯一永遠不變的就是改變。永恆的、無法阻擋的改變——每個物質中的原子,和能量中的每個分子,都有機會與其他物質和能量正確連結;不管人類犯了多少錯誤,或遇上什麼樣的挫敗,每個人都有機會和特權能與其他人產生正確連結。

　　當一個國家被群體失敗拖累,如1929年的世界經濟大蕭條,這種情況和大自然的計畫完全和諧,這是大自然為了要打破人類的習慣,給他們重新出發的機會。

＊＊＊

　　現在出版這本書最妙之處,就是在現今的經濟衰退期中,大自然又再次打破人類的習慣,呈現出重新出發的機會。

＊＊＊

Q：你說的這些話激起了我的好奇。我發現催眠節奏和人類之間互相連結的情況有關聯，是這樣嗎？

A：所謂「特質」這種抽象又難懂的東西，其實就是催眠節奏的具體表現；因此當我們提到某某人的特質時，正確的說法是，透過催眠節奏，他的思考已經形成一種正面或負面的人格特徵。一個人是好是壞，端看催眠節奏編織進去的想法和作為是好是壞。一個人困在貧窮之中或是興旺繁榮，全都是因為他缺乏或抱持目標、計畫和渴望，催眠節奏會把這些轉化為永久性和真實性。

Q：催眠節奏和人際關係之間的相關性，是否只有這些呢？

A：不是的，我才剛開始。記得當我在講解催眠節奏時，這份影響力達到所有種類的人際關係。為什麼有些人在商界出類拔萃，原因就是他們和同事，還有商界以外的人脈連結正確。

　　專業人士之所以能成功，大多數也是因為他們和顧客之間的對應關係。一個律師不需要非常精通法律，更重要的是他要懂得人性和自然法則。一個醫生如果無法讓病人對他建立信心，他在還沒開始看診以前就已經失敗了。

　　一樁婚姻成功或失敗，完全取決於夫妻彼此之間連結的程度。合適的關係從對婚姻合適的動機開始。大多數的婚姻無法帶來幸福，因為夫妻雙方既不了解也不試著了解，他們每天說的每個字、做的每個舉動，和他們彼此互

動的每個動機，全都被催眠節奏所接收，結成一張羅網，把他們死死的纏在悲慘之中；但催眠節奏也能給他們一雙自由的翅膀，帶著他們飛越一切的不快樂。

人與人之間的關係，從初次認識到發展出友誼，然後演變成靈性上的和諧關係（有時候又稱為愛）；但有時也會種下猜忌和懷疑的種子，演化生長為公然的反叛，這完全取決於雙方彼此認識之後，把對方放在什麼位置上。

人與人的意念接觸之後，催眠節奏接收產生的主要動機、目的、目標和感情，交織成某種程度的信心和恐懼、愛或恨。過了一段時間之後，關係的明確模式已經建立，這種固定模式會反過來強加在雙方的意念上。他們會變成其中的一部分。

就在這種靜悄悄的方法中，大自然把每種人際關係裡的主要因素永久固定下來。在每一種人際關係中，雙方意念之間所有惡的動機和惡的行為，會被協調整合到一種明確的形式中，然後就會巧妙的織成人類所謂的性格，一種非常重要的特徵。你看，不只是人們的行為，就連意念也會決定所有人際關係中的本質。

Q：你現在講的內容非常深奧，我們還是回到比較淺顯的部分，我才能理解你的意思，不需要擔心超過安全水深界線。請告訴我，在今天這個充斥各種問題的世界上，人際關係實際上是怎麼運作的。

A：這是一個快樂的意念。但讓我先確定你明白我正在描述的這條法則，然後我再告訴你怎麼運用在實際生活中。

我想要確定，你已完全明白催眠節奏法則是沒有人能控制、影響或躲避得了的；但是每個人都能正確的和這條法則連結，從這股無法阻擋的機制中得到益處。要想和這條法則發展出和諧的關係，人們就必須改變自己的習慣，才能有效表現出他想要並且他願意接受的情況和事物。

沒有人能改變催眠節奏法則，就如同沒有人能改變地心引力法則，但是每個人都可以改變自己。記得，我們在這個議題上所討論的，所有的人際關係都是靠雙方的習慣來決定和維持。

＊＊＊

「沒有人能改變催眠節奏法則，也沒有人能改變地心引力法則，但是每個人都可以改變自己。」

你是否曾經試著改變別人，在遇到多方挫折之後，發現自己並沒有掌控權，因此也不會成功？

＊＊＊

在人際關係之中，催眠節奏法則扮演的角色，只是把存在因素固定下來，但它不會去創造這些因素。在我們更深入探討人際關係之前，我要你在「潛意識」這個主題上

有清晰的概念。

「潛意識」這個詞代表了一個假設性的生理器官,但實際上是不存在的。人類的意念是由宇宙能量(有人稱為無窮智慧)所組成,是人類用來接收、挪用和組織成明確思考模式,它運用一個錯綜複雜的生理器官——俗稱大腦。

這些思想模式是不同種類刺激的複製品,藉著五種常見的生理感官和較不為人知的第六感,直達腦部。當任何形式的刺激到達腦部,形成明確的思緒時,就會被分類儲存到一組腦細胞中,就是所謂的記憶組。

所有在本質上類似的意念都會被儲存在一起,所以當取出一個時,就能輕易取得所有的同類意念。這種系統和現在辦公室裡的檔案櫃非常類似,運作的方式也非常接近。

加入最多份量情緒(或感情)的意念是腦中最主要的因素,因為它們最接近表層——可以說是在檔案櫃的最上層——只要意念的主人忽略了運用自制力的剎那間,它們就會自動跳出來行動。這些滿載情緒的意念非常強大,因此人們常常在尚未受到理智的允許之前就急著行動,沈溺在某些行為中。這些情緒化的爆發,通常會摧毀所有人際關係中的和諧性。大腦時常將各種不同的情緒和感情,結合成超級強大的情緒,結果理智的控制機制完全被丟在一

旁。在這種情況下，人與人之間的關係時常欠缺和諧性。

透過第六感的運作，人類的大腦能接觸其他人大腦的檔案櫃，並任意檢視在那些檔案中有什麼意念存檔。人們能接觸和檢視別人大腦的這種情形，通常稱為和諧；但是如果我說大腦之間還會調整成相同的思考頻率，以便輕易快速的運用，互相進入和檢視對方的思想檔案櫃，這樣你應該更能了解。

人類除了運用第六感，從其他人腦袋裡的檔案櫃中接收組織過的思緒之外，透過相同的器官，也能接觸無窮智慧的宇宙寶庫，並從中接收資訊。

透過第六感到達人類的所有資訊，其來源難以追蹤，因此這一類資訊通常被認為是從人類的潛意識來的。第六感是大腦中的器官，透過大腦來接收所有資訊、知識和念頭，而不經過五種生理感官中的任何一種。

現在你知道意念運作的機制，就更容易明白為什麼人際關係不恰當時，人們會深受其害。你也能理解為什麼人際關係可以幫助帶來最高形式的財富，成為物質、精神和靈性上的資產。

除此之外，你也清楚人們如果不理解和不運用人際關係中正確的法則，就永遠快樂不起來。你也知道人類的本質並不是獨立的，透過兩、三個人的意念，在目標和行為上和諧，才能達成完整的意念。你也了解為什麼每個人都

應在現實中和理論上自願看守他弟兄。（譯註：看守我弟兄（my brother's keeper），出自於聖經創世紀4:9，亞當的長子該隱殺害弟弟亞伯之後，對耶和華說的話。）

Q：你說的應該是真的，但我還是要說你又超過了我安全思考的深度。我們還是回去比較淺的水流中，才能確保安全涉水，等我學會游泳之後再回到深水位中。我們原來是在討論如何從逆境中得到益處，但是我們好像偏離正題，漂流到其他地方。

A：我們是繞了遠路，但並沒有隨波逐流。魔鬼絕不隨波逐流。我們繞的遠路是必要的，你才能做好準備，以便了解這些對話中最重要的部分。

我們現在準備好要回去討論逆境這個主題。由於大部分的逆境是從人與人不恰當的關係中生成的，了解人類如何正確的彼此對待是很重要的關鍵。

很自然，你會問什麼是人與人之間合宜的關係。答案是：合宜的關係就是讓所有受連接、影響的人，得到某種益處的關係。

* * *

「答案是：合宜的關係就是讓所有受連接、影響的人，得到某種益處的關係。」

請花一點時間，檢視自己在家、在工作、和朋友中的人際關

係。把需要改進的關係列出來，往下繼續讀時，在心中想著這些關係。

＊＊＊

Q：那麼，什麼是不合宜的關係呢？
A：人與人之間的關係，只要會傷害其中任何人，或帶來任何形式的悲慘或不快樂，就是不合宜的關係。
Q：不合宜的關係要如何修正呢？
A：導致不合宜關係的人其意念本身需要改變，或是改變關係中牽涉到的人。有些意念很自然的會和諧相處，有些意念就自然而然的會起衝突。成功的人際關係如果要持久，就必須由合得來的意念組成，不論是否有著共同的利益，都能促進和諧的力量。

當你談到成功的商業領袖時表示，他們的成功來自於「知道如何挑選人才」。你的意思其實就是，他們成功的原因是知道如何把合得來的意念互相配合。在人生中任何明確的目標上，要知道如何成功的挑選人才，基本的能力就是要辨認不同種類的人，找出自然和諧相處的意念。

＊＊＊

記得希爾對智庫的定義：「在數個意念之間，以和諧態度共同達成明確的目標。」

* * *

Q：請把重點放在逆境上，如何從逆境中找出潛在的益處，請提出來。

A：逆境解除人類的虛榮和自大心理，抑制自私自利的心態，並證明如果沒有其他人的合作，沒有人能成功。

　　逆境強迫人類考驗自己心理、生理和靈性上的力量，因此強迫人們面對自己的弱點，給人們彌補的機會。

　　逆境強迫人們藉著沈思和反省，來尋找達成明確目標的方法和管道。通常人會因此發現和運用第六感，進而與無窮智慧溝通。

　　逆境迫使人承認自己意念中的智慧不足，必須尋求外界資源的協助。

　　逆境打破舊的思考習慣，給人們新的機會養成新的習慣，因此能幫助打破催眠節奏的束縛，把負面的運作扭轉成正面的。

Q：人類從逆境中得到的最大益處是什麼？

A：從逆境中得到的最大益處，通常會強迫人們改變自己的思考習慣，因此打破催眠節奏的力量，重新引導到新的方向上。

Q：換句話說，失敗通常是祝福，只要失敗迫使人們獲得知識或建立習慣，導致人生中主要目標的成就。正確嗎？

A：是的，不止於此！失敗是種祝福，只要失敗強迫人類減低對物質力量的依賴，增加對靈性力量的依靠。

　　許多人類發現了自己的「另我」，這股從思考力中運作的力量，但卻是在某些大災難發生之後，他們已失去了身體完整和自由的運作之後。當人類無法運用自己的雙手和雙腳後，通常就會開始運用大腦，步上發現自己意念力量的道路。

* * *

魔鬼在這裡又提到了「另我」，顯示我們應如何運用思考和「另我」來發現自己真正的力量和主要目標。

* * *

Q：失去物質，比如說金錢，有什麼益處呢？

A：失去物質能教導人許多需要學習的教訓，但遠比不上這項真理：人類除了自己思考的力量之外，什麼也控制不了，什麼也不能保證有永久性的效用。

Q：我在猜，這大概不是逆境帶來的最大益處？

A：不是，在任何情況下，人類被迫重新出發的最大潛在益處，是提供機會打破催眠節奏的箝制，並建立一套新的思考習慣。新的習慣提供失敗的人唯一出路。許多人逃脫負面催眠節奏法則，成功的轉到正面運作，只因為某種逆境

強迫他們改變思考習慣。

Q：但逆境還是有打破人類自主性，和迫使人們放棄希望的傾向嗎？

A：經過長時間養成了隨波逐流習慣後，意志力變得非常薄弱的人才會有這種影響。如果沒有被隨波逐流削弱意志力的人，通常有著相反的效果。非隨波逐流者會遭遇到暫時性的挫折和失敗，但是他對所有形式的逆境，具有正面的回應。他不放棄，繼續奮鬥，而且通常會勝利。

人生不會給任何人對逆境的免疫力，但是人生給每個人正面思考的力量，足以掌握所有逆境情勢，轉化為益處。人類有特權運用或忽略自己與生俱來的權利，運用思考力來突破所有逆境。每個人都被迫用自己的思考力，來達成正面的目標；或是有意無意的忽視這股力量，達成負面的結果。意念的運用是不能妥協也不能拒絕的。

催眠節奏法則迫使每個人都要運用自己的意念，不論程度多少、正面或負面，但是它不左右人類要如何運用自己的意念。

＊＊＊

「非隨波逐流者會遭遇到暫時性的挫折和失敗，但是他對所有形式的逆境，具有正面的回應。他不放棄，繼續奮鬥，而且通常會勝利。」

你記得曾經想要放棄⋯⋯但是沒有？我的共同作者和我在《離金三尺》這本書中擴大討論這個概念。書中有三十五位當今世界的領導者不屈不撓、永不放棄的故事，他們是我們這個時代的非隨波逐流者！

＊＊＊

Q：從你所說的話中，我理解到每一個逆境都是祝福？

A：不，我沒有這樣說。我說在每一個逆境中都存在對等優勢的種子；我沒有說這是繁花盛開的優勢，只是種子而已。通常種子中帶有某種形式的知識、某些想法或計畫，或某些機會，但除非是被逆境迫使來改變思考習慣，否則不會出現。

Q：失敗帶給人類的益處只有這些嗎？

A：不，如果人類忽略適應自然法則，失敗是大自然用來懲戒人類的共同語言。

比如說，世界大戰是人類的破壞性產物，大自然在戰爭的情勢中種下同等譴責的種子，也就是世界經濟大蕭條。這種衰退是必然而且避免不了的。在戰爭之後自然產生的蕭條，就像是白天之後自然跟隨著夜晚，這也是催眠節奏法則的運用。

Q：我理解到催眠節奏和魯道夫・沃爾多・愛默生提出的補償法則好像是一樣的？

A：催眠節奏法則就是補償法則。這是宇宙中的自然力量，用來平衡負面和正面所有形式的能量，所有形式的物質和所有的人際關係。

Q：催眠節奏法則在所有的案例中，都會迅速運作嗎？比如說，這條法則會立刻祝福運用正面思考的人，或立刻詛咒負面思考的人嗎？

A：這條法則會很明確的運作，但不見得是快速的。人類因為這條法則而得到的益處或懲罰，可能會從其他人身上收穫，也可能在生前或死後才得到。

想了解有關這條法則的運作，可以去觀察上一代的人，如何將罪過和美德的結果強加在下一代的身上。在所有自然法則的運作中，第四度空間，也就是時間，是一個無法抗力的因素。每一件事情需要花費多少時間，才能讓大自然把因果關係確立，全要看事情本身的情況。大自然花三個月來長成一顆南瓜，一棵大橡樹成長需要三百年，母雞下的蛋只要三個禮拜就能長成大雞，但是人類的卵則需要耗費九個月才能長成人。

＊＊＊

「人生不會給任何人對逆境有免疫力，但是人生給每個人正面思考的力量，足以掌握所有逆境情勢，轉化為益處。」

大自然是否創造了現在的經濟衰退，再給我們一次機會，把個

人的逆境轉化為益處?

＊＊＊

12 環境、時間、和諧和謹慎

outwitting the devil

Q：我現在對於逆境和失敗的潛在優勢，有了比較清晰的概念。你可以繼續描述其他的法則了。下一條法則是什麼？

A：下一條法則是環境的影響力。

Q：請開始描述環境運作的法則。為何人類是命運的決定性因素？

A：環境包括了所有影響人類的心理、靈性和生理的力量。

Q：在環境影響力和催眠節奏之間有什麼關聯呢？

A：人類的思考習慣透過催眠節奏而具體化和永久化，思考習慣受到環境影響力的刺激。換句話說，餵養思緒的材料從環境中產生，思考習慣因催眠節奏而固定。

Q：人類環境中最重要的部分是什麼？在全部的條件中，哪一個部分決定了人們會正面或負面的運用自己的意念？

A：人類環境中最重要的部分，是他和其他人互動後的產物。所有人都會吸收和接受最常接觸的人之思考習慣，不論他們

有沒有意識到。

Q：你的意思是，常接觸負面思考習慣的人，就會影響一個人產生負面思考習慣？

A：是的，催眠節奏法則迫使每個人養成和環境和諧的思考習慣，特別是其他意念所創造的環境。

Q：所以人們應該非常謹慎選擇密切往來的對象？

A：是的，人類慎選密切往來的對象之程度，應該和慎選吃下肚子的食物一樣嚴格，目標要挑選抱持正面、友善與和諧關係的人。

Q：哪一種等級的來往對象有著最大的影響力？

A：配偶、家人和工作伙伴；其次是好朋友和熟人。不熟的人和陌生人造成的影響力微乎其微。

* * *

「餵養思緒的材料從環境中產生，思考習慣因催眠節奏而固定。」

你曾有和一個負面的人在一起時，自己的態度和情緒也開始變得負面之經驗嗎？這個人是你的配偶、孩子，還是工作伙伴呢？希爾建議你必須穿插正面、友善與和諧的思考，不只是為了抵消那些負面的思考，更要發揮影響力，把那個人帶到比較正面的範圍中。如果是你的工作伙伴，評估一下你是否想要解救這份關係……或者下定決心要遠離工作伙伴的負面情緒。

＊＊＊

Q：為什麼配偶對於人們的意念能產生這麼大的影響力？
A：因為婚姻關係把人類帶進非常強大的靈性影響力，強到成為意念中的主要力量。
Q：環境中的影響力如何用來打破催眠節奏的箝制？
A：所有思考習慣的影響力會因為催眠節奏固定成永久性。人類可以靠著改變環境中的影響力，左右主要意念，而呈現正面或負面，然後催眠節奏法則會讓它們固定下來，除非人類的思考習慣再次加以改變。
Q：所以換句話說，人類可以屈服於任何他渴望的環境影響力，不論是正面還是負面，一旦達到某種強度的思考習慣，催眠節奏法則就會把這種影響力固定成永久性。這就是法則運作的方法嗎？
A：是的。但要小心所激發思考的力量，這些力量打造環境，並決定人類命運的本質。
Q：哪一種等級的人會控制他們環境中的影響力？
A：非隨波逐流者。隨波逐流習慣的所有受害者都喪失了選擇自己環境的力量，他們變成環境中每一種負面影響力的受害者。
Q：隨波逐流者沒有出路嗎？沒有任何方法讓他們屈服於正面環境中的影響力嗎？

A：有的，隨波逐流者有出路。他們可以停止隨波逐流，奪回自己的意念，並選擇一個鼓勵正面思考的環境。只要抱持著明確意念，就能達成。

Q：去除隨波逐流的習慣，只要做到這些就夠了嗎？這種習慣只是一種心態嗎？

A：隨波逐流只是一種負面的心態，一種明顯缺乏目標的心態。

Q：人類在建立最有用的環境來發展和維持正面思考習慣時，有沒有一套有效的流程呢？

A：所有環境中最有效的是，靠一群人共同組成的友善聯盟，其中每個人有義務協助彼此達成某些明確的目標。這種聯盟又稱為「智庫」。透過這種方式，人們和自己慎選出來的對象，共同帶給整個聯盟某種知識、經濟、教育、計畫或想法，全是為了配合他實現明確目標的需求。

　　各行各業中最成功的領導人，會讓自己身處於這種量身打造的環境影響力之中。在缺乏與他人友善合作的情況下，傑出的成就是不可能的。換句話說，成功的人必須控制他們的環境，才能防止受到惡性環境的影響。

Q：如果人們因為親屬關係而無法避免負面環境的影響力呢？

A：一個人在正面環境中放棄建立思考習慣的權利，任何人都沒有責任。在另一方面，每個人對自己有責任，要從環境中去除任何有可能會導致負面思考習慣的影響力。

Q：這種哲學不是有點冷血無情嗎？

A：只有強者才能生存。如果不去除所有導致負面思考習慣的影響力，沒有人能成為強者。負面思考習慣導致喪失自決力的特權，不管是什麼人、事、物造成這些習慣。正面思考的習慣能被人們控制來幫助他達成目的或目標；負面思考習慣能控制人類，剝奪他自決力的特權。

Q：從你所說的內容，我得到這個結論：控制環境影響力的人，也等於控制自己思考習慣的建立，他們是自己命運的主人，而其他人則是被命運所主宰。這種說法正確嗎？

A：完全正確。

Q：建立人類思考習慣的是什麼？

A：所有習慣的建立，都來自於傳承或取得渴望和原動力。也就是說，習慣的起源來自於某種形式的渴望。

Q：當人類形成思考習慣時，在他的大腦中發生什麼事呢？

A：渴望是組織化的能量振動，又稱為念頭。融入了情緒的渴望對大腦細胞產生磁化作用，並儲存在這些細胞中，磁化的細胞就會準備好被催眠節奏接收和引導。當大腦中出現或創造任何意念時，又加入渴望的強烈情緒後，催眠就立刻開始運作，轉化成同等實體。主要意念是加入最強烈渴望和最深層情感的意念，催眠節奏會最先運作這些意念。思考習慣建立的方式就是重複相同的意念。

Q：什麼是最有推動力、最能激發人類的動機或渴望？

A：十種最常見、最能激發人類的動機是：
- 性和愛的渴望
- 食物的渴望
- 在靈性、心理和生理自我表達的渴望
- 死後延續生命的渴望
- 有力量支配別人的渴望
- 物質財富的渴望
- 知識的渴望
- 模仿他人的渴望
- 勝過他人的渴望
- 七種基本恐懼

這些是激發大多數人類行為的主要動機。

Q：那麼負面的渴望呢？如貪婪、羨慕、貪念、猜忌或憤怒？這些表現比不上任何正面的渴望嗎？

A：所有負面的渴望都只是受挫折的正面渴望。激發它們的原因是某種形式的挫敗、失敗或忽略，是人類自己無法用正面方式來適應大自然的法則。

Q：這是討論負面思考的新觀點。如果我的解讀正確，你剛才說所有負面的想法是，源自於人類無法和諧適應大自然法則時，被忽略或失敗所激發出來的。正確嗎？

A：完全正確。大自然不允許任何形式的懈怠和真空狀態。所

有的空間都必須被佔據。

每件存在的人、事、物,只要同時具有生理和靈性的本質,就必須時常處於運動狀態。人類的大腦也不例外。大腦被造來接收、組織、歸納和表達思考力。當人類不用大腦來表達正面和創意的意念時,大自然就會強迫大腦運作負面的意念,來填滿空隙。

大腦不能有絲毫的懈怠。只要你理解這條法則,就會對環境影響人類生活產生全新且重要的體認。

你也會更加明白,催眠節奏法則如何運作,因為這是一種維持每個人、事、物不停運動的法則,不論負面或正面都是透過某種形式表現。

＊＊＊

「大自然不允許任何形式的懈怠和真空狀態。所有的空間都必須被佔據……當人類不用大腦來表達正面和創意的意念時,大自然就會強迫大腦運作負面的意念,來填滿空隙。」

我認為這是非常正確的,特別是當我想起那些空閒時間很多的孩子。拿破崙基金會的執行長唐・葛林回憶道:「我們年輕時整天忙碌,因為長輩訓誡我們懈怠是魔鬼的工作坊。」很有趣的比喻,你覺得呢?

＊＊＊

大自然對這類的道德觀並不感興趣。大自然對於「對和錯」不感興趣。公道或不公道，它也沒興趣。它唯一的興趣是，迫使每件事物按照自己的本質以行動表現出來！

Q：這種大自然的詮釋真是發人深省。我能找誰來證實這種說法的真實性呢？

A：科學家、哲學家和所有正確思考者。最後，從大自然的實際表現中也找得到。

大自然中沒有所謂「死的物質」，物質中每一個原子都經常處於運動狀態。所有的能量經常在運動，沒有任何死的空隙存在。時間和空間就是運動的實際表現，移動的速度之快，完全超出人類的測量範圍。

Q：唉，從你剛才所說的，人類被迫得到這個結論：可靠知識的來源，有限的令人吃驚。

A：已開發的知識來源非常有限。但每個正常成人的大腦都是通往宇宙間所有知識的潛在門戶，每個正常成人的大腦當中都有此機制存在，有著和無窮智慧直接溝通的潛力，宇宙間所有的智慧都儲存在此。

Q：你的說法讓我相信，人類有可能變成他們認為的「神」。這是你的意思嗎？

A：透過演化法則，人類的大腦已經完美到可以隨意和無窮智慧相通。但這份完美必須透過大腦有組織的發展，才得以適應自然法則。時間是大腦臻近完美的關鍵。

Q：反覆的事件循環是什麼造成的呢？比如說疾病的爆發、經濟蕭條、戰爭或犯罪潮？

A：這一類問題的爆發，是因為大量的人類被催眠節奏產生類似的影響，大自然只是把相近的意念整合，並導致這些意念透過群眾行動表現出來。

Q：那麼經濟大蕭條發生的原因，就是因為大量的人類被影響，同時釋出恐懼的意念。正確嗎？

A：完全正確。數百萬的人藉由炒股票，想要不勞而獲。當他們驚覺到自己的投資沒有報酬時，他們就開始害怕，到銀行擠兌，把剩下的錢全部都提領出來，然後就造成恐慌。透過數百萬人恐懼貧窮的群眾意念，蕭條就延續了好多年的時間。

＊＊＊

目前在美國和全世界各地經濟衰退的原因也很類似。數百萬人想要不勞而獲，除了金融市場以外，透過房地產——免頭期款、次級房貸（subprime mortgages）和企業評價泡沫化（valuation bubbles）。等到所有的投資都開始崩盤時，大家就開始害怕，然後恐慌又再次開始。如果數百萬人的意念能掙脫恐懼，回轉到健全本質的財務法則上，我們能穩住經濟嗎？拿破崙・希爾的想法能指點迷津，選擇操之在我們手上。

＊＊＊

Q：從你所說的，我得出以下結論：大自然整合人類的主要意念，透過某種形式的群眾行為來表現這些意念，例如經濟衰退、商業興盛等等，正確嗎？

A：你的概念正確。

Q：我們現在來討論七條法則中的下一條。請開始敘述。

A：下一條法則是時間──第四度空間。

Q：時間和催眠節奏法則運作之間有什麼關係？

A：時間就是催眠節奏法則。思考習慣固定成永久性所需的時間，是依意念的對象和本質而長短不一。

Q：但是依據我之前的理解，你說在大自然中唯一持續不變的事物就是改變。如果這是真的，那麼時間一直在改變，重新佈局和重新結合所有的人、事、物，包括人類的思考習慣。如此一來，催眠節奏又如何能把人類的思考習慣固定成永久性呢？

A：時間把所有的思考習慣分成兩大類：負面思考和正面思考。當然，人類的意念是一直在改變的，不停的重組來迎合自己的慾望，但是意念不會從負面改到正面，反之亦然，除非人類自發性的努力去改變。

時間懲罰人類所有的負面思考，獎賞所有的正面思考，全都根據思考的本質和目標而判定。如果一個人的主要意念是負面的，時間懲罰他的方法，就是在他的意念中建立負面思考，然後繼續把這種分分秒秒的負面思考存在

固定成永久性的習慣。正面思考也一樣，被時間編織成永久性的習慣。「永久性」這個詞，代表的當然只是人類在世界上的生命。如果用嚴格的定義來說，沒有什麼是永久性的。所謂的「永久性」，指的是人類活在世界上的有限生命，時間把他們的思考習慣固定下來。

Q：我現在比較了解時間運作的方式。時間還有哪些特質，是和人類在地球上的命運相關的呢？

A：時間是大自然催化的力量，人類的經驗才能熟成為智慧。智慧並非人類與生俱來的，但是人類天生有能力思考，經過時間的流逝，他們可能會思考出智慧。

＊＊＊

「智慧並非人類與生俱來的，但是人類天生有能力思考，經過時間的流逝，他們可能會思考出智慧。」

我認為這句話是全書中最深切的聲明之一。透過運用思考的能力，分析我們人生中的經驗，不論是成功還是失敗，我們都能獲得智慧。真的就是這樣簡單嗎？

＊＊＊

Q：年輕人也能擁有智慧嗎？

A：只有在非常低層的事物上有智慧。智慧只能透過時間的流逝而來，既無法繼承，也無法在人類之間傳授，只能靠時

間累積。

Q：時間的流逝能強迫一個人獲得智慧嗎？

A：不！只有非隨波逐流者讓正面思考習慣主導他們的人生時，智慧才會來到。隨波逐流者和被負面意念左右的人，永遠得不到智慧，就算有也只能在非常低層的事物上。

Q：從你所說的，我推論當人類訓練自己的意念，遵守正面思考習慣時，時間就是他的朋友；當人類隨波逐流到負面思考習慣時，時間就是他的敵人。這是正確的嗎？

A：非常正確。人類可以分為兩大類：隨波逐流者和非隨波逐流者。隨波逐流者永遠受非隨波逐流者支配，時間會讓這份關係固定成永久性。

Q：你的意思是，如果我一輩子都隨波逐流，毫無明確的目的和目標，那麼非隨波逐流者就變成我的主人，而且時間會加強非隨波逐流者的力量，讓他把我抓得更緊、更牢固？

A：你說得非常對。

* * *

「只有非隨波逐流者讓正面思考習慣主導他們的人生時，智慧才會來到。」

我又再次被迫想到我們的下一代。我們被這麼多負面力量所包圍，如恐怖主義和經濟衰退，我們的孩子會受到哪些長期力量影響呢？我們一定要用正面的經驗來環繞孩子，才能在他們的意念中建

立起正面思考。

　　　　　　　＊＊＊

Q：智慧是什麼？

A：智慧是能正確看待自己和自然法則之間的關係，結果是讓這些法則替我們效勞，並且有能力正確連結自己和其他人的關係，得到他們和諧又樂意的合作，幫助你在人生中達成任何要求。

Q：累積的知識是智慧嗎？

A：天啊，不是！如果知識是智慧，那科學上的成就根本不會被拿來作為毀滅的工具。

Q：人類需要什麼才能化知識為智慧呢？

A：時間加上對智慧的渴望。智慧絕不可能一瞬間加到人的身上，只有靠自發性的正面思考才能獲得。

Q：所有的人類都擁有知識，是安全的嗎？

A：如果缺乏智慧，任何人擁有廣泛的知識絕對不安全。

Q：能獲得智慧的人，大約是在什麼年紀時獲得？

A：大多數人獲得智慧的年紀是在40歲之後。在這個歲數之前，大多數人忙著蒐集知識，組織成計畫，努力尋求智慧。

Q：人生的什麼境遇最能導致人類獲得智慧？

A：逆境和失敗。大自然中放諸宇宙皆同的語言，它傳授智慧

給準備好接受的人。

Q：逆境和失敗一定會帶來智慧嗎？

A：不，只有準備好接受智慧，而且自發性尋求的人才能得到。

Q：如何決定人是否已經準備好接受智慧呢？

A：時間和人類思考習慣的本質。

Q：剛獲得的新知識，等同於經過時間考驗的知識嗎？

A：不，經過時間流逝且通過考驗的知識，通常比剛獲得的知識更高級。時間在質、量和可靠性上，賦予知識明確性。沒有經過考驗的知識，人類無法確知其可靠性。

Q：可靠性的知識是什麼？

A：是與自然法則和諧的知識，也就是以正面思考為基礎的知識。

Q：時間會修正和改變知識的價值嗎？

A：是的，時間會修正和改變所有的價值。今天還是正確的知識，到明天就可能失效和過期，因為時間重新佈局了事實和價值。時間修正所有人類的人際關係，不論變得更好或更糟，端看他和別人之間連結的方式為何。

在意念的廣大領域中，撒播種子有恰當的時間，收穫意念也有恰當的時間，就如同在地球上耕耘土地、播種收割自有其時間。如果在播種和收割時缺乏恰當的衡量時間，大自然就會減低和保留播種的獎賞。

Q：現在請開始描述七條法則中的最後兩條。

A：下一條是和諧。

在大自然中，人類發現各樣的證據，證明透過和諧法則的運作，所有的自然法則呈現有規律的運動。這一條自然法則強迫在其範圍內的所有事物，都必須發展和諧關係。在了解這項真理之後，你就會對於環境的力量產生更新、更透徹的觀點。你也會明白為什麼和負面意念的人交往，是自決力的致命傷。

Q：你的意思是，大自然自發性的強迫人類與環境中各種影響力產生和諧關係？

A：是的，這是真的。催眠節奏法則把環境中存在的主要影響力，強加在每個生物身上。

Q：如果大自然強迫人類接受他們居住環境的本質，那麼所有居住在貧窮和失敗環境中卻渴望逃脫的人，有什麼方法能逃脫呢？

A：他們必須改變環境，否則就會一輩子處於貧窮之中。大自然具有不容許人類逃脫環境的影響力。

不過，在大自然豐富的智慧中，給了每個正常人類建立自己心理、靈性和生理環境的特權，只是一旦他建立了這個環境之後，他就必須成為其中的一部分。這就是和諧法則不朽的運作機制。

Q：比如說，在工作場合中，是誰建立環境中的主要影響、決

定其節奏呢？

A：抱持明確的目標思考或行動的人。

Q：就是這麼簡單嗎？

A：是的，明確的目標是起點，從這裡人類能建立他們自己的環境。

Q：我不太明白你的論點。整個世界被戰爭、經濟衰退和其他種類的衝突所撕裂，這些問題絕非和諧。大自然似乎不強迫人類彼此之間和諧相處。你要怎麼解釋這種前後不一致的矛盾呢？

＊＊＊

希爾的年代和今天一樣，世界上似乎沒有太多的和諧。當你想到今天的經濟蕭條、自然災害、軍事衝突、人類飽受疾病和飢餓的蹂躪，和諧似乎是很難達成的目標？希爾會説，是的，即使是在他身處的艱困年代，你和我雖然無法控制全世界的和諧，但我們能在家中創造和諧。

＊＊＊

A：沒有前後不一致的矛盾。就像你自己說的，當世界上的主要影響力是負面的，大自然就會強迫人類和世界環境中的主要影響力和諧共存。

和諧的表現方法可能是正面，也可能是負面。比如

說，一群監獄中的犯人，可能會用負面的態度來思考和行動，他們通常是這樣的。但是大自然會確保監獄中的主要影響力，強加在其中每個人身上。一群住在廉價公寓中的窮苦人家，可能會彼此打架滋事，表面上他們似乎抗拒著所有形式的和諧，但大自然強迫他們每個人成為這些住宅中主要影響力的一小部分。

　　和諧，在此處的涵意是大自然在宇宙中對待類似事物的方式。負面影響力會被強加在互相來往的人類身上，不論他們身處何方。正面影響力也是如此明確的強加在互相來往的人類身上。

Q：我開始明白為什麼商業領袖非常小心地選擇自己的合作伙伴。在任何行業上成功的人，他們建立自己環境的方式，通常就是在身邊佈滿成功思考和行為的人士。是這種概念嗎？

A：就是這種概念。觀察所有成功人士堅持的一種理念——工作伙伴之間的和諧關係。成功人士的另一種天性，就是以明確的目標來行動，並堅持工作伙伴也如法炮製。了解這兩項真理之後，你就會了解亨利‧福特和一個打零工的人之間，最大的差別在哪裡。

＊＊＊

所以，在我們周遭環繞著其他成功人士時，和諧法則對我們有

益。想一想你工作上的伙伴,他們是支持你⋯⋯還是阻撓你?

*　*　*

Q:現在告訴我七條法則中的最後一條。

A:最後一條法則是謹慎。

除了隨波逐流的習慣之外,人類第二危險的天性就是缺乏謹慎。

人類隨波逐流到各種危險的情況中,因為他們在計畫行動時,往往不夠謹慎。隨波逐流者行動時,永遠不採用謹慎之道。在任何事情上,他先行動後思考。他選擇朋友時不謹慎,他隨波逐流,允許他人任意依附在他身上。他不選擇職業,整個求學生涯都在隨波逐流,找到一份供得起衣食所需的工作就心滿意足。他邀請其他人在職場上欺騙他,他因此忽略了教育自己,學習職場上的規則。他邀請疾病上身,因為他忽略了教育自己健康的規則。他邀請貧窮入住,因為他忽略了保護自己不受環境中的貧窮影響。他在跨出的每個步伐上都邀請失敗,因為他忽略要謹慎行事,觀察其他人失敗的因素。他邀請各種形式的恐懼,因為他在檢視失敗的原因時缺乏謹慎的態度。他的婚姻失敗,因為他忽略了謹慎擇偶;在結婚之後,他對待妻子的態度更不謹慎。他失去朋友,或把他們轉變為敵人,因為他忽略用謹慎的方式和適當的基礎,來看待自己和朋

友之間的關係。

* * *

「除了隨波逐流的習慣之外,人類第二危險的天性就是缺乏謹慎。」

* * *

Q:所有的人類都缺乏謹慎嗎?

A:不,只有那些養成隨波逐流習慣的人。非隨波逐流者總是謹慎行事,在開始行動之前,他小心的思考和計畫。非隨波逐流者預估到工作伙伴免不了有人性的弱點,因此事先做好計畫,彌補這些缺失。

如果他派一位手下去做一件重要的任務,他會派另外一位手下去查看,確定任務如實地進行。然後他會親自查看前後兩位手下,確定他的目標已經達成。他絕不會把任何事情視為理所當然,謹慎行事就是確保成功的方法。

Q:過度謹慎和缺乏謹慎不是一樣有害嗎?

A:沒有過度謹慎這種事,你所謂的「過度謹慎」是一種恐懼的表現。恐懼和謹慎是兩回事,是完全不同的事。

Q:人們不是時常錯把恐懼當成謹慎嗎?

A:是的,有的時候會有類似狀況發生。在完全缺乏謹慎的習慣下,大多數人為自己創造出更具危險性的情況,而不是

因為過度謹慎。

Q：在什麼情況下，能將謹慎的態度發揮到最有利的效用？

A：在選擇相互來往的對象，和與人交往的方式上。理由顯而易見——來往對象決定了人類環境中最重要的部分，而環境影響力決定人是否會養成隨波逐流的習慣，或是成為非隨波逐流者。謹慎選擇來往對象的人，絕不會允許自己跟那些不具有某種明確的心理、靈性和經濟益處的人密切來往。

Q：這種選擇往來對象的方式不是很自私嗎？

A：這是明智，且會產生自決力。每個正常人都會渴望找到物質上的成功和快樂。

　　舉凡決定人類成功和快樂的因素中，沒有比小心選擇來往對象更重要的。因此謹慎選擇來往對象，是每個想要快樂成功的人之首要任務。隨波逐流者允許他身邊的人，依照自己的意願來依附他。非隨波逐流者則小心選擇自己的同儕，除非某人能帶來某種有益形式的貢獻或影響力，或是帶來明確的利益，不然決不會允許自己和其密切往來。

Q：我從來沒想過，謹慎選擇朋友會對一個人的成功或失敗，帶來這麼明確的影響。所有成功人士在選擇往來對象時，不論是商場上、社交上或是事業領域上，都非常謹慎嗎？

A：如果缺乏謹慎選擇同儕的態度，沒有人能自任何領域上得

到成功。從另一個角度來說,缺乏謹慎的態度幾乎註定在每件事情上的挫敗。

＊＊＊

你是否很難拒絕人家?這一章幫助你了解選擇來往對象時要小心謹慎。學會向別人說「不」,可能會幫助你在通往成功的道路上全速前進。

＊＊＊

總結

outwitting the devil

在我和魔鬼的對話中,有三件事情最讓我感興趣。這三個因素讓我大感興趣的原因,是因為它們正好是影響我人生的最重要因素。只要是讀過我的故事的讀者,一定能輕易看出其中的所以然。這三個重要因素是:(1)隨波逐流的習慣;(2)固定習慣的催眠節奏;(3)時間。

這三個因素掌握了人類的命運。當我們把這三個因素組合起來,當成一股聯合勢力來研究時,就會找到全新的意義。只要花一點想像力,和對自然法則有些許的理解,就不難看出人類遭遇到的大部分困難,其實都是自己創造出來的。此外,困難很少是眼前狀況的結果,它們通常是一連串狀況之後的頂峰,經過隨波逐流習慣的整合,再加上時間的推波助瀾而成。

＊＊＊

「就不難看出人類遭遇到的大部分困難,其實都是自己創造出

來的。」

今天有許多人抱持著一種受害者心態，作為不替自己人生負起責任的藉口。

* * *

山姆爾‧英薩爾（Samuel Insull）並不是在經濟大蕭條中，失去價值四十億美元的工業王國，早在經濟大蕭條之前，他就開始賠錢。因為他聽信一群女人的話，諂媚他把原本經營公營事業的天份，拿去轉投資大型歌劇，因而成了受害者。如果在財經世界中，一個位高權重的人會因為隨波逐流的力量、催眠節奏和時間等因素而垮台，那個人就是山姆爾‧英薩爾。我寫的這些關於英薩爾的知識都是正確可靠的，我曾經跟他共事過，時間是從第一次世界大戰到後來他聽信讒言，輕率的想要逃離自己。

* * *

在1881年，山姆爾‧英薩爾從英國搬到美國，成為愛迪生的私人祕書。後來在1892年晉升為芝加哥愛迪生公司（Chicago Edison Co.）的總裁。到了1907年他經營芝加哥的大眾運輸系統。1912年他管理好幾百座發電廠。他大力推銷自己旗下公司的股票，這些公司在1932年倒閉時，他逃到歐洲。1934年被引渡回美國，因為詐欺、違反破產法和侵佔公款而三次受審，但都獲得無罪開釋。希爾給了我們一些內幕消息，用新的觀點來審視英薩爾身敗名裂的其他因

素。今天愛迪生這個名字人人耳熟能詳，但誰也沒聽説過英薩爾這號人物。

＊＊＊

亨利・福特也經歷過同樣的大蕭條，雖然英薩爾一敗塗地，但福特卻能安然無恙的度過難關。你知道原因為何嗎？我告訴你，福特有個習慣，在任何議題上他絕不隨波逐流。時間也是福特的朋友，因為他養成習慣，用正面、有建設性的態度來運用時間。他自己創造出的意念處處幫助他，編織成屬於他自己的計畫。

你的人生想要達成什麼樣的景況？檢視你的願景，用隨波逐流、催眠節奏和時間等標準來衡量它，然後你就會明白所有成功和所有失敗的原因。

富蘭克林・德拉諾・羅斯福（Franlin D. Roosevelt）首次當選總統入主白宮時幹勁十足，他的意念中只有一個主要目標，而且十分明確。這個目標就是要使群眾停止恐懼，要人民開始思考和談論經濟復甦，而不是經濟蕭條。

他在實行這項目標時，完全沒有隨波逐流。整個國家的力量全部整合為一，共同幫助總統的明確目標。從美國創國以來的歷史中，破天荒的出現了不同政治取向的報紙、不分派別的宗教團體、不分人種膚色的族群、不分黨派的政治組織，首次聯合成一股驚人的力量，幫助總統達成唯一的目標、重建國人的信心和正常的商業往來。

就在羅斯福入主白宮幾天之後，他和一群顧問召開的會議中，我問他當前最大的問題是什麼。他回答：「這不是大或小的問題，我們只有一個問題，就是如何停止恐懼，用信心來取代之。」

　　在他上任快滿一年之際，總統已經停止恐懼，並用信心來取代，整個國家也緩慢但持續的步出了大蕭條的叢林。到了他四年任期即將結束時──請注意在此有時間流逝這個因素，總統有效的整合美國商界和人民的力量，整個國家都在背後支持他，隨時準備好樂意且熱情的服從他的領導，無論他走往哪個方向，人民都跟隨他的腳步。這些事實是眾所皆知的，報紙和電台上都有這些消息。

＊＊＊

　　就像我們一樣，拿破崙・希爾生活在一個人人飽受政治環境影響的年代。我們常常覺得自己淪為媒體、政治或其他外在力量的「受害者」。希爾示範如何走出受害者心態──這是魔鬼的工具之一──為我們所有的選擇而一肩扛起責任。

＊＊＊

　　然後選舉又來到，這是人民表達他們對國家領導人之信心的機會。人民選擇的結果是，總統以空前的壓倒性勝利連任成功，各州選舉人團（electorate）也一致投下信任的贊成票數，只有兩州持少數反對票。（譯註：美國總統大選分為兩個投票階段：除了所有公民都可投票的普選之外，還有各州以人口比例分配的選舉人團投

票。)

現在看看生命巨輪如何逆轉，朝著另一個方向前進。總統改變了他的政策，失去了明確的目標，變成既不明確又隨波逐流。

在他的政策改變下，把原本強大的勞工團體一分為二，結果遭到超過半數的人起而反對他。原本他在參、眾兩院握有全數穩固的鐵票，現也一分為二。更重要的是，美國人民也被撕裂，分成「贊成」和「反對」兩個族群。到最後總統唯一留下來的政治資產，只剩下他的招牌微笑和他逢人便握手的習慣——顯然不足以重拾當年整合美國的力量。

在此，我們又有了一個非常棒的例子。人們經由明確的目標而一飛沖天，大權在握；但因為隨波逐流的習慣，慘跌到原點。從羅斯福大起大落的故事中，可以清楚的看出隨波逐流法則的運作，還有藉著催眠節奏和時間的幫助，非隨波逐流者如何登峰造極。

* * *

「在此，我們又有了一個非常棒的例子。人們經由明確的目標而一飛沖天，大權在握；但因為隨波逐流習慣，慘跌到原點。」

花點時間想想其他人，不論是公眾人物或是你個人的生活圈中，有沒有已達成偉大成功，後來因為隨波逐流而喪失一切的人？

* * *

我一生中有許多次和魔鬼交手的精采故事。魔鬼眼看著我在數

十個商業機會中進進出出,其中有些可說是千載難逢的機會。他看著我在自己和其他人往來的規則中隨波逐流,特別是我在生意方面完全缺乏謹慎。

最後,把我從催眠節奏中救出來的是,我終於痛下決心,抱著明確的目標,把一生的精力都花在組織個人成功體系上。偶爾我也在其他較小的目標上隨波逐流,有些是一時興起,有些則是長期奮鬥。但是我的主要目標抵消了這些小事的隨波逐流,足以恢復我的勇氣。每一次小目標遭到挫敗,均讓我再次出發,繼續探索知識。

當我在撰寫《成功法則》這本書時,分析超過25,000名人士的經驗,就在此時我學到隨波逐流這個習慣的危險本質。這些人都被隨波逐流的習慣抓住了,我的分析結果恰好符合魔鬼的說法——每一百個人之中,有九十八個人因為隨波逐流的習慣而受他控制。我覺得這不是巧合,而是互相呼應。

回想起我自己的工作生涯,現在我可以清楚的看出,如果我早一點替人生的主要目標立下明確的達成目標,我人生中絕大多數的暫時性挫敗是可以避免的。

從我分析了超過五千個家庭的經驗中,我清楚的知道,大多數已婚者失去和諧關係的原因是,他們的婚姻中累積了大量的小過節。如果他們彼此立下規定,一旦出現小問題就要立刻清除和拋棄,就能免除掉很多問題。他們在婚姻中沒有身體力行明確的目標。

從古至今,同樣的故事一再重複。有最明確的計畫和目標,以

及有最多力量的人，就會朝著勝利前進。其他人則是閃閃躲躲地尋求掩護，被其他比較明確之人的腳跟踩得粉身碎骨。

答案並不難找，往高空上尋找也沒有用。我自己寧願從魔鬼的身上找出解答，因為他會快速的回答我。只有那些知道自己想要什麼，並下定決心的人才會得到勝利。他們已經掌握不隨波逐流的習慣。他們有明確的規則、明確的計畫和明確的目標。他們的敵人雖然在數量上超過他們，卻沒有機會打敗他們。因為敵人沒有計畫、沒有目標，也沒有規則，只是不停的隨波逐流，希望有什麼東西會出現，拉自己一把。從這三句話中，你得到了這個要點：成功和失敗的差別，力量和軟弱的不同。

我們現在到了本書的結尾，如果我試著將全書中最重要的部分，以一句話總結，將會是如此：

人類的主要渴望，透過明確的目標，以明確的計畫為後盾，加上催眠節奏和時間等自然法則的幫助，就能被結晶成對等實體！

這句話就是個人成功體系的正面提示，也是我在這本書中試著描述的道理。這句話已經濃縮到極點，不能更精簡。如果你把這個體系擴大，拿去適用在人生中的各種境遇，你就會發現這個體系和人生一樣廣闊，其中包含了所有人際關係、所有人類意念、目的和渴望。

現在我們到了本書的結尾了，這是我過去五十年之中，幾千次訪談成功和即將成功人士的研究中，試圖找出人生的真理，查出快

樂和經濟保障來源時，做過最奇特的一次對話。

　　真是奇怪，在我得到卡內基、愛迪生和福特等人的積極合作之後，我最後居然被迫要從魔鬼身上找出有用的知識，也是我探索真理時發現到最偉大的自然法則。真奇怪，我被迫要經歷上百種形式的貧困、失敗和逆境之後，才能得到了解和運用自然法則的特權。這些法則能降低邪惡武器的殺傷力，或根本全數銷燬。而在這次戲劇性的經驗中，最奇怪的是，人生早就提供給我這麼簡明的法則，如果我早一點理解，就能早一點把我的渴望轉化為現實，避免陷入這麼多的困境和悲慘。

　　在和魔鬼的對話結束之際，我發現口袋中一直帶著火柴，能激發並燃起逆境之火。我也發現能澆熄這些火焰的水，一直就在我的掌握中，而且取之不盡、用之不竭。

　　我一直在尋找哲學家的磁石（lodestone），用來把失敗轉化為成功；但我卻學到成功和失敗是每日進化的結果，主要意念一點一點的拼湊出來，編織成我們要的，或是不要的產物，端看那些意念的本質。

　　很不幸的，在我到達懂事的年紀時還不明白這項真理，否則當我在人生「幽暗的低谷」，就能早點避開一些障礙，而不必被迫吃力的跳過去。

　　我與魔鬼的所有對話，現在已經到了你的手中，你從這些對話中得到多少靈感和激發，就會得到同樣多的益處。你也不需同意書中全部的內容，才能得到助益。

你只需要思考書中的每個部分,然後自己作出結論。這是不是很合理呢!你既是法官,也是陪審團,又身兼原告和被告的律師。如果你贏不了訴訟,那麼損失和原因也都歸到你的頭上。

──拿破崙‧希爾

＊＊＊

「人類的主要渴望,透過明確的目標,以明確的計畫為後盾,加上催眠節奏和時間等自然法則的幫助,就能被結晶成對等實體!」

拿破崙‧希爾早在1930年代就想和全世界分享這個訊息,但是卻被藏在一個保險櫃中,到了2011年才終於問世,和你分享──冥冥之中一定有原因。你是否……

- 明白發現你的口袋中一直帶著火柴,能激發並燃起逆境之火,又發現能澆熄這些火焰的水,一直就在你的掌握中,而且取之不盡、用之不竭。然後,
- 找到你明確的目標?
- 制定明確的計畫?
- 借助大自然催眠節奏法則?
- 並且運用時間來幫助你達到偉大的成就?

＊＊＊

後　記

麥克・柏納德・貝奎斯

　　不論你已經讀完全書，或是只讀了幾頁就先讀這篇後記，你會發現如果我們把書中歷史深遠的名字、日期和事件，用當今的名詞取代，結果還是一樣。從希爾對媒體宣傳的敘述、孩子們在學校遭遇到的問題、宗教宣傳以恐懼為基礎的佈道、社會大眾不良的飲食和健康習慣，到艱難的經濟情勢，看起來我們的整體意識並沒有太大的轉變，因此我們的整體經驗也一樣。

　　好消息是，重新開始永遠不嫌晚，就讓我們的意識改革創新吧！如同希爾先生所言：「我發現在每種暫時性挫敗的經驗中，每一次的失敗和每種形式的逆境中，都蘊藏著同等優勢的種子。」我們的道路似乎是由失敗和成功這兩種極端所組成。用另一種比較輕鬆的方式來描述，希爾的生命法則就是教我們「如何成功的失敗」。那些在靈性上成熟的人才會明白這種矛盾，也就是說那些人已經超越了「催眠節奏」，已經發現自己的「另我」，又可稱為「自我」（self of the self）、「高我」（higher self），或是「真我」（authentic self）。

　　有個現象很振奮人心，那就是今天的靈性、哲學、自我激勵或甚至科學作家們都同意希爾「明確目標」的觀點，依現在的說法又稱為「目標設定」。當我們的目標是從生活中的「催眠節奏」中覺

醒——也就是印度教所謂的「癡」（delusion）、佛教所謂的「幻象」（illusion）——個人和集體意識都會擴大。我們和地球都會受益。

希爾的正直風範，從他敘述如何體現成功這一方面，表露無遺。事實上，他大言不慚的宣告「任何人都能從自己的『另我』中得到益處」，只要他不是「沈溺在貪婪中」。這句高度靈性尊嚴的聲明，將成功提昇到意識的層次——也就是說，成功不見得表示「有最多玩具的人就是贏家」。希爾成功解開兩種常見的迷思——靈性覺醒和展現物質成就的能力——因為人是永遠不斷互相比較。

我們也學到了察覺自己警戒心的重要性，這是魔鬼最憎恨的意識活動，因為他喜愛人們缺乏自行思考的能力，並企圖從中獲益。當你有意識的觀察自己的意念和意念潛力，就是抱持著尊敬、愛心、感激的態度來面對它，因為這是神賜給我們的禮物。意念不只是內在的疆域，更會創造出外面的環境。我們不要抗拒意念，而要珍惜它的敏銳、它的直覺和它最高的能力。達成自我引導、自我強化和自信心的關鍵，就是靠我們的意念。

除了「隨波逐流」以外，人類第二危險的天性就是希爾口中的「缺乏謹慎」，或是我們常說的缺乏判斷力。判斷是智慧的同類，幫助我們在行動之前先想到後果，而且也讓我們誠實的面對自己選擇的結果，我們才能創造出邁向成功的道路。

在現今讀者的心目中，希爾的教導最常被歸類於創造財富的智慧，時常和金錢畫上等號。但事實上，他和全世界分享了「如何度

過人生的準則」，從人的內在開始、從人的內層意識著手，邀請我們把最大的潛力發揮到外在表現，不只為了我們個人的益處，也為了全人類。

我在此補充一點，拿破崙・希爾基金會作出了非常明智的選擇，借助莎朗・萊希特幹練的雙手，信任她去運用這份非常珍貴的手稿。她花了許多年的時間深入研究拿破崙・希爾的真實法則，最重要的是她身體力行這些法則，因此她是最適合編著這份手稿，將之公諸於世的人。

但願所有希爾的讀者都能從傳統信仰中掙脫，活出人生中最豐富、美麗和歡樂，在這個我們稱為家的地球上，自由自在的運用自己的天賦、才能和技巧。願你得到平安和最豐盛的祝福！

——麥克・柏納德・貝奎斯

麥克・柏納德・貝奎斯是《性靈解放》的作者，為《祕密》的作者群之一。他創辦了「大愛國際靈性中心」（Agape International Spiritual Center），並共同創辦「全球新思想聯盟」（The Association for Global New Thought）和「非暴力時代」（Season for Nonviolence）。

迴 響

莎朗・萊希特

從拿破崙・希爾的字裡行間,有一股強烈的靈性力量存在,指導著他的模式和他的道德觀。在《與魔鬼對話》一書中,有許多地方都清楚顯示他自己信仰的基礎。

在他對邪惡和恐懼的意見中,也就是「不明確性」和「隨波逐流」這兩項,承襲自美國悠久的宗教傳統,至少從沃爾夫・魯道夫・愛默生在十九世紀中的「超越論」(The Transcendentalism)算起。在希爾的年代 (也就是在1930年代晚期,本書寫作的時代),當時美國靈性教育家包括諾曼・文森・皮爾(Norman Vincent Peale)、艾密特・福克斯(Emmett Fox),還有知名勵志小說中的人物羅意得・道格拉斯 (Lloyd C. Douglas),以及基督教傳道牧師麥愛美(Aimee Semple McPherson) 和比利・桑岱(Billy Sunday),在媒體和社會大眾的印象中非常活躍。

而當代某些工商業鉅子,給希爾帶來某種宗教靈感,啟發出他自己的想法和行為,因此他也鼓勵社會大眾向這些成功人士看齊,把他們當作是成功的楷模。因為他們的行為不僅帶來個人成就,也替人類謀福利,只不過這些人士清一色都是男性。

對於希爾來說,經濟大蕭條是道德失敗的極致表現。對於目前財經市場的危機,他又會怎麼說呢?2008年幾乎瀕臨崩潰的銀行系

統,和緊接而來的嚴重經濟衰退,影響了每個人的生活。從2011年開始,每個拿起這本書的人,希爾又會對你說什麼呢?

他視若神明的人,包括卡內基、愛迪生、福特和洛克斐勒。這些大亨、鉅子已經被歷史學家、經濟學家、傳記家等分析再分析,他們個人的缺點在大眾的目光下一覽無遺。對希爾而言,他們不只是歷史上的人物,更是當代世界舞台上的領導者——如同希爾和墨索里尼、羅斯福和邱吉爾(Churchill)。他並沒有批評洛克斐勒無情的競爭,在當時他大概也尚未察覺到福特的反猶太人情結。

對希爾而言,當時美國社會和自由市場系統雖步履蹣跚,處在幾乎要跌進毀滅的邊緣,卻正是全世界希望的來源——即使他的祖國顯然不完美(他看到這個國家對魔鬼的陰謀毫無抗拒力),世界上沒有能與之相提並論的。

當下定決心要達到成功的人們,抗拒了不當宗教思想的誘惑和缺點,轉而尋求神的幫助(在本書中有著不同的稱謂),他們能走多遠的距離,完全沒有底線。限制是人類自我設定的,或是被外來負面邪惡力量所強加的,這股力量以魔鬼為象徵。

所以,希爾的信仰為何?老實說,對我而言一點也不重要。雖然我受到拿破崙・希爾體系深遠的影響,也對他傳奇性的一生十分著迷,但我一點也不在乎他參加哪個教會,或他是否要參加教會。更重要的是:他教導我們,信念在人生中扮演了什麼角色?

這個問題的答案由你來決定。我認為這是一個根本的議題,本書的字字句句都深受其影響。畢竟,他選擇用經典的哲學問答手

法來表現本書,並和文學史中最反對宗教的鮮明人物(魔鬼)過招〔從聖經,到米爾頓(Milton)到路易士(C.S. Lewis)的著作中屢見不鮮〕。我對於這項選擇感到驚艷,因為他讓希爾自由表達──一種非常容易閱讀的方式──他自己深層的信念和人類行為理論,為我們每個人上了深刻的一課 。

當你的人生繼續往下走,在遇到路途上的障礙時,重新複習希爾的七條準則,能幫助你戰勝人生中所遇到的魔鬼。

● 明確的目標
● 自控力
● 從逆境中學習
● 控制環境影響力(同儕)
● 時間(抱持明確的目標行動,成為你自己心理、靈性和生理環境中的主要影響力)
● 和諧(抱持目標明確的態度,成為自己精神、靈性,和實際環境中的主要影響力)
● 謹慎(行動前必須三思而後行,慎思考計畫中的每個環節)

在複習這七條準則時,你可能會認出並察覺是哪些問題一直在阻撓你達到最偉大的成功。

拿破崙・希爾基金會把這份手稿交付到我的手中,實在是很大的祝福──這份封藏了超過七十年的手稿(到底是他太太或是魔鬼

自己使然⋯⋯你自己作決定）。有句話說，當學生準備好，老師就會出現。因此有沒有可能《思考致富》是經濟大蕭條期間的正確訊息，而《與魔鬼對話》則是今天的正確訊息呢？我相信從本書中，我們看到了神的手在運作，而不是魔鬼的。我相信《與魔鬼對話》之所以遲遲無法出版，是因為除非時機成熟，神不會讓這個訊息公諸於世⋯⋯也就是目前（2013年）。本書對我的人生產生巨大的衝擊，我也希望你在本書中找到有益於你人生的價值。

願拿破崙・希爾的話帶給你希望、勇氣和最重要的——人生中的明確目標⋯⋯

祝福滿滿。

——莎朗・萊希特

感　謝

本書在封藏了七十多年之後，有許多的人付出了貢獻，才得以出版。

拿破崙‧希爾基金會深深感謝拿破崙‧希爾博士的家屬，他們延續了他的傳奇。希爾的侄子，查理‧強森博士（Dr. Charlie Johnson），負責保管這份備受爭議的手稿，並體認出這項訊息的力量和關聯性，不久之前便將這份手稿交給拿破崙‧希爾基金會負責出版事宜。

在此特別感謝莎朗‧萊希特，她抱持著深切的熱忱，延續並提倡希爾的傳奇。在全書的註解中，莎朗運用她的才能和能量來幫助讀者珍惜，並從這項訊息中受益良多。

莎朗和我們一同感謝拿破崙‧希爾在全世界的書迷，他們幫助我們傳播希爾的智慧——教師和導師、講師和新興創業家等，你們見證了希爾著作的不朽。難怪希爾在他多年的巡迴演講中，常被尊稱為「奇蹟製造者」和「富翁製造者」。

我們感謝Sterling Publishing整個團隊的心血和專長，其中特別感謝馬克斯‧里佛（Marcus Leaver）、傑森‧普林斯（Jason Prince）、麥克‧富蘭尼托（Michael Fragnito），和凱特‧西門曼（Kate Zimmermann）。

我們更要特別感謝拿破崙・希爾基金會和家庭財務優先基金會的團隊，他們從不間斷的指導和支持……羅伯特・強森（Robert T. Johnson Jr.）、麥克・萊希特（Michael Lechter）、安妮狄亞・史塔吉爾（Annedia Sturgill）、菲利浦・萊希特（Phillip Lechter）、凱文・史塔克（Kevin Stock）、安琪拉・雷德（Angela Reid）、喬・麥克尼力（Joe McNeely）、葛瑞克・托賓（Greg Tobin）、凱文・拜爾曼（Cevin Bryerman）所提供的鼓勵和協助。

在此謹代表拿破崙・希爾，他人生的旅程在一個世紀以前就開始，他的智慧為全世界數以百萬計的讀者帶來希望和鼓勵，我們感謝你！

——唐・葛林，拿破崙・希爾基金會執行長和莎朗・萊希特

作者介紹

拿破崙・希爾
1883～1970

拿破崙・希爾在1883年生於維吉尼亞州維斯郡（Wise County, Virginia）的偏遠山區。他出生在貧窮人家，年僅九歲即喪母。一年之後他的父親再娶，繼母成為年幼的希爾之靈感來源。

因為繼母的影響，希爾在青少年時期便成為報社記者。他的寫作得到卸任的田納西州州長勞伯・泰勒（Robert L. Taylor）之青睞，泰勒之後成為美國參議員。泰勒延攬年輕的希爾到他旗下的《泰勒雜誌》，專門撰寫成功發跡者的故事。當時希爾於喬治城大學法學院（Georgetown University Law School）就讀。

1908年，希爾被派去訪問安德魯・卡內基，原訂三小時的訪談延長為三天。當希爾進行訪談時，卡內基說服他根據成功的原則，組織世界上第一套個人成功體系。

卡內基支持希爾的方式，就是把他介紹給當時的工業鉅子亨利・福特、愛迪生和洛克斐勒。希爾花了二十年的時間，訪談、研讀和撰寫成功人士的故事。

1928年，在距希爾訪談卡內基整整二十年之後，才寫下一套八冊的《拿破崙・希爾成功法則》叢書。他一生中寫了許多暢銷書，在1937年希爾寫了《思考致富》，為史上最暢銷勵志書，到今天仍然熱賣，在世界各地以百萬為銷售單位。難怪希爾時常被尊稱為奇蹟之人──富翁製造者。

作者介紹

莎朗‧萊希特

莎朗‧萊希特為終身教育提倡者，創辦「家庭財務優先」（Pay Your Family First）團體，此為財務教育組織。莎朗擔任國家會計師財政知識委員會（National CPA Financial Literacy Commission）的全國性代言人。2008年，莎朗被指定為首任總統財經諮詢顧問（President's Advisory Council），前後在布希和歐巴馬兩任總統手下工作。

莎朗是個創業家、作家、慈善家、教育家、國際演說家、會計師和母親。在兒童教育方面，她是新科技、企畫和產品的先驅，發展出創新、具挑戰性和趣味性的新式教學。她的財經知識棋盤遊戲（financial literacy board game）、青少年興盛時間（Thrive Time for Teens），就是全新體驗人生與金錢模擬遊戲，一推出就獲得多方讚譽，包括金牌母親首選獎（GOLD Mom's Choice Award）、《創意兒童雜誌》（Creative Child Magazine）2010年度遊戲大獎、玩具醫生（Dr. Toy's）的最佳兒童旅行用品獎和WTS玩具評比（WTS Toy Reviews）五星級等殊榮。在兒童財經教育、個人理財和創業家精神等領域，莎朗是公認的專家。

莎朗是全國暢銷書《離今三尺》的作者，與拿破崙‧希爾基金會和葛瑞克‧雷德（Greg Reid）共同撰寫。她也是國際知名作家，紐約時報暢銷書排行榜榜首《富爸爸‧窮爸爸》（Rich Dad Poor Dad）的作家群之一，《富爸爸》整套系列叢書中共有14冊。

身為全心投入的慈善家，莎朗回饋世界的方式就是投入志工和捐款的行列。她兼任女董事長組織（Women Presidents' Organization）的全國董事，也擔任孩童援助（Child Help）的董事（這是一個全國性組織，宗旨在預防和治療受虐孩童）。

www.sharonlechter.com

www.payyourfamilyfirst.com

www.outwittingthedevil.com

簡報檔、英文版，免費開放下載

《思考致富》資訊網：http://longstone.com.tw/c005/

思考致富（全新譯本）：成功致富的13個步驟

只要你心中能想像的到，而且真心相信，無論是什麼都能成真。

——拿破崙‧希爾

《思考致富》耗時二十五年才寫成，此書為拿破崙‧希爾的最新作品，闡述他著名的成功法則。財經、教育、政治和政府各界領袖對他的研究和著作都讚譽有加。

——美國傑出領袖公會

熟練這套成功法則，等於為「失敗」保了「意外險」。

——美國知名勞工領袖，山繆‧岡珀斯

我知道全世界都受惠於拿破崙‧希爾的成功法則，這套訓練課程無法用金錢衡量其價值，因為它帶給學生的價值遠遠超過金錢價值。

——世界最大相機製造商，喬治‧伊士曼

「試閱電子書」、「簡報」和「有聲書摘」和「英文版」免費下載。

作者的寫作手法最引人入勝之處，就是他用淺顯的語言解釋吸引財富的正確方式——你先要在自己心中「看見」目標，然後再把目標轉化為現實。本書最大價值不只在於幫助讀者致富，它更能幫助讀者滿足人生的任何渴望。書中設有「自我評量表」，讀者可以自行評量自己的優缺點，藉以改變個性和心態，排除成功道路上的所有障礙。每年有數以萬計的讀者，運用本書的致富步驟，獲得美好的人生和財務。

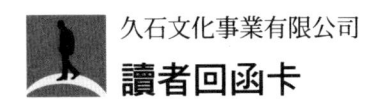

久石文化事業有限公司
讀者回函卡

Better Living Through Reading

親愛的讀者，謝謝您購買這本書！這一張回函是專為您、作者及本社搭建的橋樑，我們將參考您的意見，出版更多的好書，並提供您相關的書訊、活動以及優惠特價。請您把此回函傳真（02-25374409）或郵寄給我們，謝謝！

您的個人基本資料

姓　　名：＿＿＿＿＿＿＿＿　性　別：＿＿＿＿出生日期：＿＿＿＿＿年＿＿月
地　　址：＿＿＿＿＿＿＿＿＿＿＿＿＿＿＿＿＿＿＿＿＿＿＿＿＿＿＿＿＿＿
E-mail：＿＿＿＿＿＿＿＿＿＿＿＿＿＿＿＿＿電話：＿＿＿＿＿＿＿＿＿
學　　歷：□高中以下　□高中　□專科與大學　□研究所以上
職　　業：□1.學生　□2.公教人員　□3.服務業　□4.製造業　□5.大眾傳播
　　　　　□6.金融業　□7.資訊業　□8.自由業　□9.退休人士　□10.其他

您對本書的評價

您購買的書的書名：**與魔鬼對話**　　書號：L025
得知本書方法：□書店　□電子媒體　□報紙雜誌　□廣播節目　□DM
　　　　　　　□新聞廣告　□他人推薦　□其他＿＿＿＿＿＿＿＿
購買本書方式：□連鎖書店　□一般書店　□網路購書　□郵局劃撥
　　　　　　　□其他＿＿＿＿＿＿＿＿＿＿
內　　容：□很不錯　□滿意　□還好　□有待改進
版面編排：□很不錯　□滿意　□還好　□有待改進
封面設計：□很不錯　□滿意　□還好　□有待改進
本書價格：□偏低　□合理　□偏高
對本書的綜合建議：＿＿＿＿＿＿＿＿＿＿＿＿＿＿＿＿＿＿＿＿＿＿＿＿
＿＿＿＿＿＿＿＿＿＿＿＿＿＿＿＿＿＿＿＿＿＿＿＿＿＿＿＿＿＿＿＿＿

您喜歡閱讀那一類型的書籍（可複選）
□商業理財　□文學小說　□自我勵志　□人文藝術　□科普漫遊
□學習新知　□心靈養生　□生活風格　□親子共享　□其他＿＿＿
您要給本社的建議：＿＿＿＿＿＿＿＿＿＿＿＿＿＿＿＿＿＿＿＿＿＿
＿＿＿＿＿＿＿＿＿＿＿＿＿＿＿＿＿＿＿＿＿＿＿＿＿＿＿＿＿＿＿

請貼郵票

久石文化事業有限公司　收
104　臺北市南京東路一段25號十樓之四
　　電話：02-25372498

請沿虛線對折後裝訂寄回，謝謝！

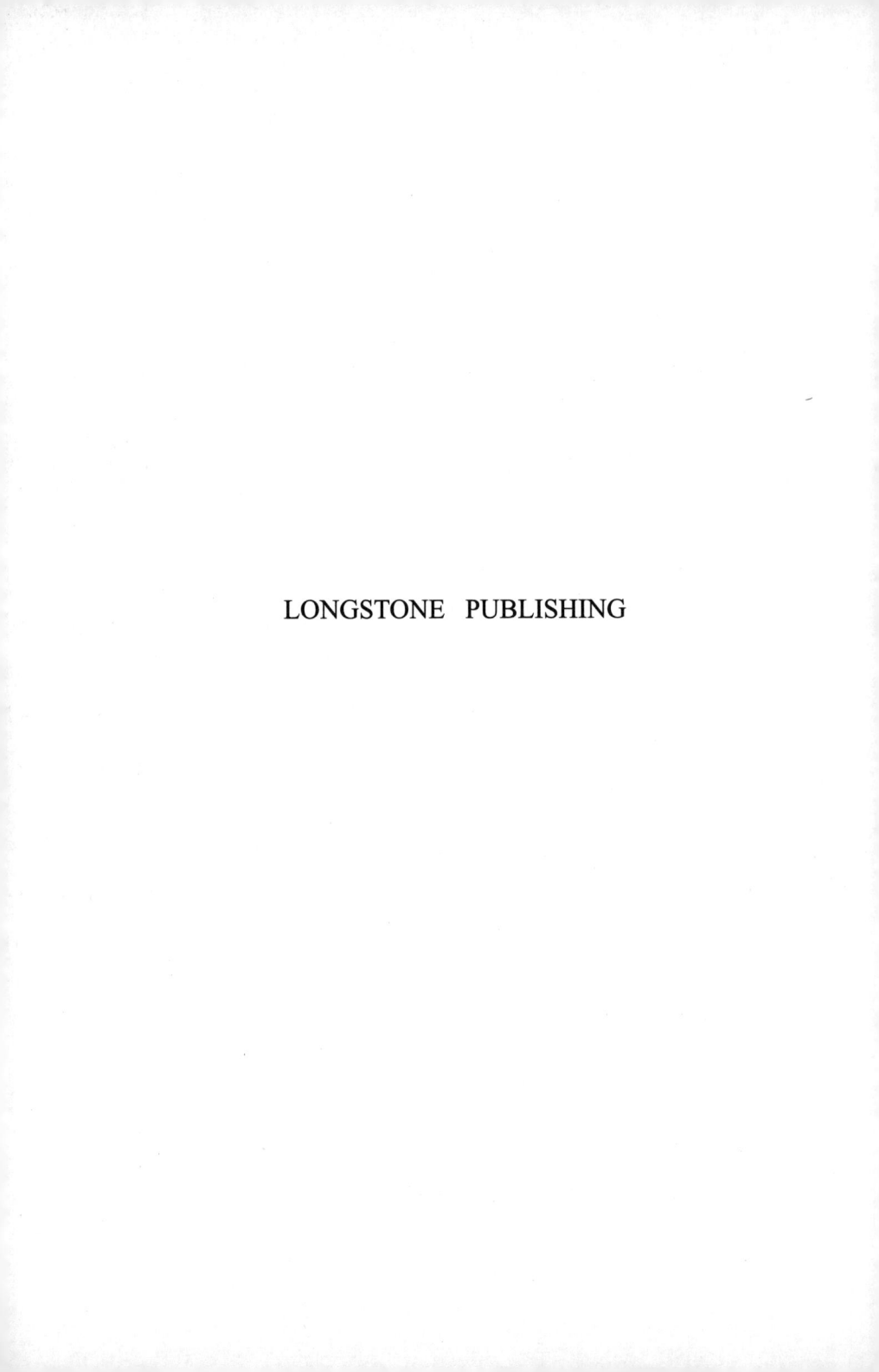

LONGSTONE PUBLISHING